Für meine Patentochter Hannah

Die Preise in diesem Buch sind durch Punkte angegeben –
von ●○○○○ günstig bis ●●●●● sehr teuer.

© Andreas Kjörling und Stevali Production
Originaltitel: *101 bubbel – champagne, cava, prosecco och andra mousserande viner*
ISBN 978-91-86287-83-2

Fotos: Andreas Kjörling/www.kjorlingwine.com

Produktidee und Kreativdiektor: Stefan Lindström
Art Director und Produktion: Alan Maranik/Stevali Production
Redakteur: Benny Eronson

© der deutschen Ausgabe: h.f.ullmann publishing GmbH
Übersetzung aus dem Schwedischen: Elke Adams
Satz: ce redaktionsbüro für digitales publizieren

Sonderausgabe

Gesamtherstellung: h.f.ullmann publishing GmbH, Potsdam

Printed in Slovenia, 2016

ISBN 978-3-8480-1092-9

10 9 8 7 6 5 4 3 2 1
X IX VIII VII VI V IV III II I

www.ullmannmedien.com
info@ullmannmedien.com
facebook.com/ullmannmedien
twitter.com/ullmannmedien

101

CHAMPAGNER SEKTE UND CO.

DIE MAN PROBIERT HABEN MUSS

ANDREAS KJÖRLING

*h.f.*ullmann

Inhalt

Vorwort

101 Champagner, Sekte und Co. ist ein Buch für Liebhaber moussierender Weine. In dieser Ausgabe erhalten Sie viele gute Tipps zu Schaumweinen aus aller Welt.

In dieses Buch habe ich nicht die teuersten oder berühmtesten Schaumweine aufgenommen, sondern die interessantesten Perlen, deren Genuss Sie nicht versäumen sollten. Die meisten Schaumweine stammen aus Frankreich, Italien und Spanien. Die Produkte sind daher unter den entsprechenden Ländern alphabetisch geordnet. Natürlich gibt es jede Menge anderer Länder, die ebenfalls gute Schaumweine produzieren. Diese finden Sie ab Seite 133.

Die Einleitung liefert Ihnen nützliche Tipps zur Kombination von Schaumweinen mit Speisen. Hier erfahren Sie auch mehr zur Herstellung und zur Verkostung. Dann gilt es nur noch, sich den Perlen auch hinzugeben! Aber seien Sie vorsichtig beim Öffnen der Flaschen – ein Sekt- oder Champagnerkorken kann viel Unheil anrichten …

Prost und viel Freude beim Lesen!

Andreas Kjörling – Stockholm, Schweden

Einleitung

Moussierender Wein kann auf verschiedene Arten erzeugt werden. In diesem Buch lege ich den Schwerpunkt auf die beiden gängigsten Herstellungsmethoden, das Charmat-Verfahren und die traditionelle Champagner-Methode.

Bei der *Méthode Charmat* durchläuft der Wein die zweite Gärung in großen Edelstahl-Drucktanks (im Gegensatz zur Flaschengärung). Durch Zugabe von Zucker und Zuchthefen entstehen auf diese Weise ca. 1,5 % Volumenprozent Alkohol und Kohlendioxid. Der fertig vergorene Wein wird auf seiner Hefe für mehrere Monate gelagert, bevor für die gewünschte Restsüße Süßreserve, Süßweine oder eine Zuckerlösung zugegeben wird. Die zugesetzte Zuckermenge wird als Dosage bezeichnet und in Gramm pro Liter angegeben. Danach wird der Schaumwein gefiltert und unter Gegendruck in Flaschen abgefüllt. Die Flaschen stehen unter einem Druck von etwa 4 Bar. Es ist nicht ungewöhnlich, dass die Abfüllung mehrmals jährlich erfolgt, abhängig von Nachfrage und Verkauf. Der Wein wird dann kürzere Zeit in Flaschen gelagert, bevor er weiter zum Händler geht.

Bei der *Méthode Champenoise* oder auch traditionellen Methode erfolgt die zweite Gärung in der Flasche, nachdem die Grundweine gemischt, vergoren und für die zweite Gärung mit Zucker versetzt wurden. Dabei entstehen die begehrten, prickelnden Bläschen. Danach werden die Weine auf ihrer Hefe 15 Monate bis zu einigen Jahren gelagert und täglich gerüttelt, bevor sie degorgiert werden und die Dosage zugeführt wird. Weine, die ihre zweite Gärung in der Flasche durchlaufen, haben in der Regel einen höheren Druck von fast 6 Bar. Das schenkt dem Wein mehr Schaum und führt dazu, dass er erheblich besser zum Sabrieren geeignet ist. Der große Geschmacksunterschied hängt hauptsächlich nicht von der Gärung selbst, sondern vom Kontakt mit der Hefe ab. Da der Wein in der Flasche gärt, hat er mehr und längeren Kontakt mit der Hefe, was zu höherer Qualität führt. Weine, die nach der traditionellen Methode hergestellt sind, werden daher allgemein als qualitätsvoller betrachtet.

Verkostung moussierender Weine

Ob moussierender oder stiller Wein, weiß oder rot – das Glas wird immer am Stiel, besser noch am Boden des Glases gehalten. Hält man es am Kelch, hinterlässt man nicht nur hässliche Fingerabdrücke, sondern riskiert, dass sich der Wein im Glas erwärmt. Das ist nicht erwünscht, da er vermutlich schon mit der richtigen Temperatur serviert wurde.

Der erste Schritt bei der Bewertung ist das Aussehen. Es heißt oft, dass ein besserer Champagner feinere und mehr Bläschen hat. Das stimmt vielleicht theoretisch. In der Praxis sind auch die Form des Glases, die Wahl des Spülmittels und eventuell wie lange das Glas im Schrank stand entscheidend.

Interessanter ist dagegen, wie lange die Bläschen im Glas bleiben sowie die Intensität ihrer Farbe und der Farbton. Ein junger Schaumwein zeigt oft grün schimmernde Nuancen, während ältere zu strohgelb und goldgelb wechseln. Roséweine variieren im Ton von lachsrosa bis zur Farbe einer Zwiebelschale. Auch die Intensität variiert abhängig vom Stil des Weins. Das Aussehen ist in keiner Hinsicht entscheidend, aber ein Hinweis darauf, was man erwarten darf.

Der Duft ist erheblich wichtiger als das Aussehen. Die menschliche Nase kann bis zu zehntausend verschiedene Düfte erkennen. Im Unterschied zu den fünf Geschmacksrichtungen haben wir jedoch keine Bezeichnungen für Düfte, sondern nur vergleichende Synonyme. Die Schwierigkeit besteht in der Regel darin, einen Duft zu erkennen, ohne zu wissen, wie er heißt. Als Hilfe können die Düfte junger, weißer Weine in die allgemeinen Kategorien säuerlich-fruchtig und exotisch-fruchtig eingeteilt werden. Säuerlich-fruchtig umfasst zum Beispiel Apfel und Zitrus, während exotisch-fruchtig eher Mango, Pfirsich und Melone zugeordnet wird. Bei jungem Champagner herrscht die säuerlich-fruchtige Note vor. Hier können Noten von grünen und roten Äpfeln zusammen mit Birne und Zitrus enthalten sein. Üblicherweise spricht man von der Hefenote des Bouquets. Gemeint ist dabei eine Nuance Hefe, die durch die zweite Gärung in der Flasche vorhanden ist. Jeder Verkoster findet seine eigene Art, diesen Duft zu beschreiben. Es ist aber nicht ungewöhnlich, dass diese Note an ein frisch gebackenes Hefeweckchen erinnert.

Eine weitere Charaktereigenschaft von Schaumweinen ist die Mineralik. Auch diese kann für einen Neuling schwer feststellbar sein. Ein Tipp ist, an feuchte Steine oder auch Kalk zu denken, in etwa wie ein feuchter Kellerflur. Ältere, reifere Schaumweine duften andererseits häufig nach Champignons, reifen Äpfeln, nussig, nach Kaffee, Schokolade und in gewissem Maße nach weiteren Nuancen exotischer Früchte. Möchte man sich vornehmer ausdrücken, spricht man vom Bouquet. Bei einem Wein von hoher Qualität wird man nicht nur die reifen Düfte, sondern auch die mineralischen Noten und die Hefen wahrnehmen. Sind mehrere verschiedene Aromen vorhanden, die miteinander harmonieren, spricht man von Komplexität und Balance. Dann handelt es sich um einen großen Wein.

Der Geschmack ist mindestens so wichtig wie der Duft, wenn auch nicht gleich nuanciert, da wir nur fünf Grundgeschmacksrichtungen unterscheiden. Viele der Geschmäcker, die wir zu entdecken glauben, sind in Wirklichkeit Düfte. Deshalb werden Getränke bei Erkältung oft als nicht schmackhaft erlebt. Die fundamentalen Grundgeschmacksrichtungen bei moussierendem Wein sind Säure und Süße. Ein Wein, der als frisch und elegant erlebt werden soll, verlangt nach guter Säure. Diese wird durch die Süße, die oft mit Fruchtigkeit verglichen wird, ausgeglichen. Säure und Süße bzw. Fruchtigkeit balancieren ihrerseits den Alkohol des Weins aus. Je besser ein Wein, desto mehr Balance hat er und desto intensiver ist das Geschmackserlebnis.

Wenn wir von Geschmack reden, ist es wichtig, den Abgang zu berücksichtigen, das heißt, wie lange der Geschmack im Mund verbleibt. Die Länge des Abgangs hängt von der Menge des Extrakts oder der Geschmacksstoffe im Wein ab. Diese Geschmacksstoffe können nur von der Traube selbst stammen und entwickeln sich bei deren Reifungsprozess. Ein Wein hoher Qualität hat eine größere Menge Extrakt als ein einfacher Wein und deshalb in der Regel auch einen längeren Abgang. Kurz gesagt: Ein teurer Wein hat mehr Aroma als ein preiswerter. Ob er dann auch besser schmeckt, ist individuell zu beurteilen und hängt von eigenen Vorlieben ab.

Mithilfe der gesammelten Eindrücke des verkosteten Schaumweins kann man ein erstes Fazit ziehen. Welche Qualität hat der Wein? Kann er gelagert werden? Zu welchen Speisen passt er? Ein guter Indikator für die Lagerfähigkeit des Weins ist, wie er sich nach dem Servieren im Laufe der folgenden halben Stunde im Glas entwickelt. Verändert sich das Aroma nach dem Servieren stark, kann daraus geschlossen werden, dass der Wein nicht weiter gelagert werden muss. Entwickelt der Wein jedoch langsam neue Düfte und Nuancen im Glas, ist dies ein deutliches Zeichen dafür, dass er Potenzial zum Lagern hat. Wie lange jedoch, ist schwer zu beurteilen. Hier kann es große Unterschiede geben. Sinnvoll ist, zu prüfen, wie sich ältere Jahrgänge entwickelt haben, entweder durch eigene Verkostung oder durch das Studieren von Verkostungsergebnissen. Im letzteren Fall ist die Angabe des Verkostungsdatums wichtig; ältere Beiträge sind in diesem Zusammenhang eher uninteressant. Eine weitere Möglichkeit ist natürlich, sich an den Erzeuger zu wenden, um Klarheit zu erlangen, welche Flaschen wie lange gelagert werden sollten.

Schaumwein und Speisen

Im Prinzip passen alle trockenen, moussierenden Weine gut zu Fisch und Schalentieren. Aus diesem Grund finden Sie nicht zu jedem Kandidaten in diesem Buch einen Serviervorschlag. Das wäre meiner Meinung nach ein wenig fade. Ich liefere Ihnen jedoch ein paar wertvolle Tipps, mit welchen Kombinationen Sie Erfolg haben könnten. Hier gilt die Devise: Probieren geht über Studieren. Manchmal klappt es gut und manchmal sogar noch besser. Mir ist es mit Bravour geglückt, Champagner mit Würstchen zu kombinieren. Und das ist etwas, das nicht viele wagen!

Moussierende Weine haben ihren Platz oft bei den Aperitifs. Sie können aber auch eine ausgezeichnete Ergänzung zu Hauptgerichten und Desserts sein. Zu Beginn der Mahlzeit ist ein leichter, frischer Schaumwein zusammen mit Austern, Sashimi, Aufschnitt oder anderen leichten Speisen eine gute Wahl. Eine Faustregel besagt: Je leichter und jünger der kredenzte Wein, desto leichter die Vor- oder Hauptspeise.

Wie für andere Weine gilt auch hier, dass Geschmackserlebnisse steigerungsfähig sein sollten. Einfache, leichte Weine sollten also vor kräftigen, schwereren serviert werden. Desserts mit viel Säure, zum Beispiel mit frischen Beeren, können wunderbar mit einem Schaumwein genossen werden, der gut balancierte Säure und Süße zeigt. Die Frische des Desserts und des Weins bilden einen hervorragenden Abschluss der Mahlzeit.

Damit Kombinationen glücken, ist es nützlich zu wissen, wie Adaption funktioniert. Adaption ist eine andere Bezeichnung für Anpassung und drückt sich folgendermaßen aus: Wenn wir Süßes im Mund haben, gewöhnt sich der Geschmackssinn an die Süße. Ist der Wein dann allzu sauer und trocken, erleben wird das Essen noch süßer, während der Wein noch säuerlicher wird. Auch wenn wir etwas Saures essen und dazu einen halbtrockenen oder lieblichen Wein trinken, werden wir das Essen als sauer und das Getränk als sehr süß erleben.

An Salz, Bitteres und Umami können wir unseren Geschmack dagegen nicht auf diese Weise gewöhnen. Diese Grundgeschmäcker müssen deshalb mit der Säure des Weins ausbalanciert werden. Deshalb passen zum Beispiel Austern und Champagner so ausgezeichnet zusammen: Die Auster ist reich an Umami und Salz. Hier muss ich erwähnen, dass mir auch die Kombination Matjeshering und Champagner recht passabel gelungen ist, da das Salz und Umami des Herings von der Säure des Weins ausgeglichen wird. Haben Sie nie Angst vor Experimenten, aber immer einen Plan B, falls es schiefgehen sollte …

Richtig servieren

Champagner sollte unabhängig von Flaschengröße, Typ oder Gelegenheit immer kühl serviert werden. Ein einfacher Schaumwein fühlt sich gut bei etwa 10° C, während exklusivere Schaumweine mit mehr Aroma es etwas wärmer mögen, ungefähr 12–14° C. Wichtig ist, die Umgebung zu berücksichtigen. Im Freien an einem kalten Silvesterabend wird die Temperatur des Weins nicht ansteigen, mit Sicherheit jedoch an einem warmen Frühlings- oder Sommertag. Im letzteren Fall kann der Wein ein bisschen zusätzliche Kühlung vertragen. Junger Jahrgangschampagner verträgt Belüftung gut und kann vorzüglich karaffiert werden. Seien Sie dabei sehr vorsichtig, da die herrliche Perlage sonst verschwindet. Die Karaffe sollten Sie im Kühlschrank aufbewahren, damit der Wein die gewünschte Temperatur behält. Oft reicht es aus, eine halbe Stunde zu belüften, um alle Aromen des Weins hervorzuheben. Von großer Bedeutung für die Lagerung ist es, ob es sich um eine Magnum- oder Imperialflasche handelt. Weil alle chemischen Reaktionen an einer Kontaktfläche ablaufen, reifen Schaumweine in Magnumflaschen langsamer, da sich verhältnismäßig mehr Wein am Glas als bei einer üblichen Flasche mit 0,75 Litern Inhalt befindet. Bei Feiern, die oft mit Champagner verbunden werden, ist es jedoch oft attraktiver, eine große statt zwei kleiner Flaschen zu präsentieren. Das verleiht dem Ereignis einen zusätzlichen Höhepunkt.

Alle Weine können natürlich im traditionellen Champagnerglas, der sogenannten Flöte, serviert werden. Wer jedoch etwas weiter gehen möchte, passt das Glas dem Stil des Weines an. Leichte, frische Weine passen am besten zu schmalen Gläsern, während üppige, reife Weine mehr Platz benötigen, um alle Aromen und Geschmäcker abzugeben. Welches Glas am besten passt, variiert je nach Wein, so wie sich auch das Erleben des Weins stark von Glas zu Glas unterscheidet. Deshalb ist es sehr interessant, denselben Wein in verschiedenen Gläsern zu verkosten, um die beste Alternative zu finden.

Champagne André Clouet Silver Brut Nature N.V.

Einschätzung des Autors: Der Champagner zeigt eine helle, schöne Farbe mit feiner Perlage und Nuancen von Stroh.

Das Bouquet ist entwickelt, elegant und komplex mit deutlichen Noten von Apfelmost, heller Schokolade, einer Spur Eichenfass, mineralischen Aromen und Brioche.

Der Geschmack ist trocken, mittelfüllig mit deutlicher Säure, eleganter, junger Frucht entsprechend dem Duft und klarer, feiner Mineralik sowie Aromen von Äpfeln, die in einem langen, schmackhaften Abgang nachklingen.

Preis: ● ● ● ○ ○
Ursprung: AOC Champagne
Erzeuger: André Clouet
Rebsorte: Pinot Noir

Herstellung: Die Trauben für den Champagner stammen ausschließlich von eigenen Rebflächen. Der Most für den Grundwein gärt in alten Eichenfässern aus dem Burgund. Nach der zweiten Gärung in der Flasche wird der Wein vor der Degorgierung mindestens zwei Jahre gelagert. Da der Reservewein in Eichenfässern aus dem Anbaugebiet Sauternes gelagert wird, erhält der Champagner eine angenehme Vollmundigkeit, obwohl die Dosage nur 1,5 g Zucker pro Liter beträgt.

Sonstiges: Ein wunderbares Beispiel für einen tollen Champagner zum Essen. In weiten Champagnerflöten kühl bei ca. 12°C servieren. Am besten kommen seine Vorzüge bei Schalentieren, Gänseleber oder Kalbsbries zur Geltung. Durch die Vollmundigkeit des Weins ist auch eine kräftige Pilzsuppe absolut denkbar. Der Wein kann ausgezeichnet sofort getrunken werden, aber auch noch gut bis zu fünf Jahre lagern.

ZU WELCHER GELEGENHEIT GETRUNKEN: ....

....

EIGENE ANMERKUNGEN: ....

....

Champagne André Jacquart Brut Expérience N.V.

Einschätzung des Autors: Der Champagner hat eine klare, helle Farbe mit Nuancen von Stroh.

Das Bouquet ist jung, frisch und sehr aromatisch mit deutlichem Einschlag französischer Eiche. Auch schmackhafte Nuancen von Zitrusschale, grünem Apfel und Blüten sind gemeinsam mit einer feinen mineralischen Note vorhanden.

Der Geschmack ist trocken, frisch und elegant-fruchtig mit deutlicher Säure und gut ausbalanciert durch die fruchtigen Aromen. Gelbe Äpfel mit subtiler Hefenote und ein Einschlag von Eiche, Mineralik und Melone schenken einen langen, schmackhaften Abgang. Ein wirklich spannender, individueller Champagner.

Preis: ●●●○○
Ursprung: AOC Champagne Premier Cru
Erzeuger: Champagne André Jacquart
Rebsorte: Chardonnay

Herstellung: Die Trauben stammen von eigenen Rebflächen im Ort Vertus im Süden der Côte des Blancs. Nach der Mischung von drei bis fünf Grundweinen wird die Cuvée vor der zweiten Gärung abgefüllt. Dann wird der Wein auf der Hefe für mindestens vier Jahre gelagert. Bei der Degorgierung erhält er eine geringen Dosage von etwa 6 g Zucker pro Liter.

Sonstiges: André Jacquart ist ein Champagnererzeuger kleineren Maßstabs. Das Unternehmen wird von den Geschwistern Doyard im Süden der Côtes des Blancs betrieben. Seit der Übernahme von der vorherigen Generation haben große Veränderungen stattgefunden. Unter anderem werden nun kleine Eichenfässer verwendet und der Champagner lagert länger auf der Hefe.

ZU WELCHER GELEGENHEIT GETRUNKEN: ....

....

EIGENE ANMERKUNGEN: ....

....

Champagne
André Jacquart
Rosé de Saignée N.V.

Einschätzung des Autors: Der Champagner hat eine schöne, dichte, lachsrosa Farbe mit Nuancen von Zwiebelschale.

Das Bouquet ist jung und intensiv fruchtig mit schönen Noten roter Beeren, Mineralik und einer Spur von Hefe.

Der Geschmack ist trocken, mittelfüllig und elegant mit feiner Säure, die mit herrlich beerigen Aromen von Erdbeere, Himbeere und Blaubeere verbunden ist. Gemeinsam klingen sie im langen, schmackhaften Abgang nach.

Preis: ●●●○○
Ursprung: **AOC Champagne Premier Cru**
Erzeuger: **Champagne André Jacquart**
Rebsorte: **Pinot Noir 80 %, Chardonnay 20 %**

Herstellung: Der Wein wird nach der sogenannten Saignée-Methode hergestellt, bei der die Schale wie bei einem normalen Roséwein Farbe abgibt. Der Most gärt ausschließlich in französischen Eichenfässern und wird für zusätzliche Säure und den mineralischen Charakter mit einem Chardonnay aus Mesnil-sur-Oger gemischt. Nach der zweiten Gärung in der Flasche wird der Wein vor der Degorgierung mindestens vier Jahre gelagert.

Sonstiges: Die Pint-Noir-Trauben stammen von einer sehr kleinen Rebfläche im Ort Vertus, der sich im Grunde vollständig dem Chardonnay verschrieben hat. Weil die Anbaufläche begrenzt ist, trifft dies auch auf die Produktion zu; insofern wird der Genuss dieses Champagners eher ein seltenes Vergnügen bleiben.

ZU WELCHER GELEGENHEIT GETRUNKEN: ....

....

EIGENE ANMERKUNGEN: ....

....

Champagne Beaumont des Crayères Grande Réserve Brut

Einschätzung des Autors: Der Champagner zeigt eine klare, helle Farbe mit deutlicher Perlage und Nuancen von Messing.

Das Bouquet ist jung, frisch und hefig mit angenehmen, brotigen Noten grüner Äpfel und Apfelblüten.

Der Geschmack ist trocken, frisch und elegant mit wohlbalancierter Säure und Fruchtigkeit mit einem Einschlag grüner Äpfel und mineralischen Noten. Hier zeigt sich ein feiner Abgang mit angenehmer Länge.

Preis: ●●○○○
Ursprung: **AOC Champagne**
Erzeuger: **Champagne Beaumont des Crayères**
Rebsorte: **Pinot Noir 60 %, Chardonnay 25 %, Pinot Meunier 15 %**

Herstellung: Der Most für den Grundwein gärt in Stahltanks und wird dann gemischt und abgefüllt. Nach der zweiten Gärung in der Flasche wird der Wein auf der Hefe vor der Degorgierung zwei Jahre gelagert und erhält eine Dosage von 10 g Zucker pro Liter.

Sonstiges: Beaumont des Crayères ist eine Kooperative, die zu Beginn der 1950er-Jahre gegründet wurde. Ziel war damals wie heute, einen guten Champagner zu einem erschwinglichen Preis herzustellen. Und damit hatte man großen Erfolg. Als Kuriosität sollte erwähnt werden, dass die Kooperative zu den wenigen Erzeugern gehört, die das Degorgierungsdatum auf dem rückwärtigen Flaschenetikett angeben.

ZU WELCHER GELEGENHEIT GETRUNKEN: ....

....

EIGENE ANMERKUNGEN: ....

....

Champagne Billecart-Salmon Brut Rosé N.V.

Einschätzung des Autors: Der Champagner zeigt eine blasse, schöne altrosa Farbe mit feiner Perlage und Nuancen von Kupfer.

Das Bouquet ist jung, fruchtig und angenehm subtil mit Noten von Erdbeeren, mineralischer Nuancen und ein wenig Hefe.

Der Geschmack ist trocken, schmackhaft und sehr ausgewogen mit feiner Struktur und nuancierten, jungen Aromen roter Beeren, die dem Champagner zusammen mit einer deutlichen Säure einen sehr langen, feinen Abgang schenken.

Seit langem einer meiner Favoriten unter den Rosé-Champagnern.

Preis: ● ● ● ● ○
Ursprung: AOC Champagne
Erzeuger: Champagne Billecart Salmon
Rebsorte: Chardonnay, Pinot Noir, Pinot Meunier

Herstellung: Der Wein ist eine Mischung aus den drei für Champagner klassischen Rebsorten, von denen der Pinot Noir als roter Grundwein vinifiziert wird. Nach der Mischung und Abfüllung gärt der Wein ein zweites Mal in der Flasche und wird dann auf der Hefe vor Degorgierung und geringer Dosage mindestens drei Jahre gelagert.

Sonstiges: Das Familienunternehmen Billecart-Salmon ist seit fast zweihundert Jahren ein Synonym für Eleganz und Finesse. Der Fokus wird auf den Erhalt der Aromen der Trauben und darauf gelegt, den Ursprung so authentisch wie möglich zu erhalten. Ich selbst bin ein großer Fan von Billecart-Salmon, da er zu den meisten Gelegenheiten passt.

ZU WELCHER GELEGENHEIT GETRUNKEN: ....

....

EIGENE ANMERKUNGEN: ....

....

Champagne Bollinger
La Grande Année 2005

Einschätzung des Autors: Der Champagner zeigt eine schöne, goldene Farbe mit deutlicher Perlage und Nuancen von Messing.

Das Bouquet ist entwickelt, komplex und sehr elegant mit einem angenehmem Einschlag von Eichenfass, Brioche, Mineralik, Champignons und roten Äpfeln.

Der Geschmack ist trocken, vollmundig und extrem wohlbalanciert mit lieblich balancierter Säure, zusammen mit ausgeprägter, straff-säuerlicher Frucht, die in einem musterhaften Abgang verbleibt.

Bollinger liefert!

Preis: ● ● ● ● ●
Ursprung: AOC Champagne
Erzeuger: Champagne Bollinger
Rebsorte: Pinot Noir 70 %, Chardonnay 30 %

Herstellung: Die Trauben stammen aus dreizehn verschiedenen Lagen, die separat vinifiziert und dann gemischt werden. Nach der zweiten Gärung in der Flasche wird der Wein vor der Degorgierung mehr als drei Jahre gelagert und erhält dann eine Dosage von 6 g Zucker pro Liter.

Sonstiges: Bollinger zählt zu den klassischen Champagnerhäusern, deren Produkte unbedingt entdeckt werden sollten. Für den Jahrgang 2005 erfolgte die Ernte bei viel Sonnenschein und war von sehr hoher Qualität geprägt. Obwohl die Weine viele Jahre gelagert werden können, ist der Genuss jetzt wegen der perfekten Balance zwischen Frucht und Säure ausgezeichnet.

ZU WELCHER GELEGENHEIT GETRUNKEN: ....

....

EIGENE ANMERKUNGEN: ....

....

Champagne
Bruno Michel
Cuvée Blanche Brut N.V.

Einschätzung des Autors: Der Champagner zeigt eine klare, goldene Farbe mit feiner Perlage und Nuancen von Messing.

Das Bouquet ist jung, aber dennoch komplex und vollmundig mit feinen Noten von Brioche, reifen Birnen, Mineralik und Zeder.

Der Geschmack ist trocken, füllig und angenehm mit feinen Röstnuancen, Mineralik, sonnenreifen Früchten und Eichenfass, die zusammen mit einem angenehmen mineralischen Ton einen langen, subtilen Abgang erzeugen.

Ein ausgezeichneter Champagner!

Preis: ● ● ● ○ ○
Ursprung: AOC Champagne
Erzeuger: Champagne Bruno Michel
Rebsorte: Chardonnay 53 %,
Pinot Meunier 47 %

Herstellung: Die Trauben aus ökologischem Anbau stammen von eigenen Rebflächen. Der Champagner ist immer eine Mischung aus drei unterschiedlichen Jahrgängen, damit stets dasselbe Ergebnis erzielt wird. Nach der zweiten Gärung wird der Wein auf der Hefe vor der Degorgierung mindestens drei Jahre gelagert und erhält eine Dosage von 9 g Zucker pro Liter.

Sonstiges: Hier handelt es sich um einen der wenigen zertifizierten, ökologischen Produzenten in der Champagne. Zum Haus gehören 13 Hektar Rebflächen, verteilt auf ganze vierzig verschiedene Lagen. Insgesamt werden nur 70 000 Flaschen pro Jahr produziert!

ZU WELCHER GELEGENHEIT GETRUNKEN: ....

....

EIGENE ANMERKUNGEN: ....

....

Champagne Bruno Paillard Première Cuvée N.V.

Einschätzung des Autors: Der Champagner hat eine feine Perlage und eine klare, goldene Farbe mit Nuancen von Messing.

Das Bouquet ist entwickelt, angenehm und komplex mit Einschlag von Brioche, Mineralik und reifen, roten Äpfeln.

Der Geschmack ist trocken, füllig und angenehm mit gleichsam wohlbalancierter wie deutlicher Säure. Hier ist ein herrlicher, fruchtiger Einschlag reifer Birnen, kandierter Zitrusfrüchte, Blüten und Mineralik vorhanden, der in einem tadellosen, langen Abgang ausklingt. Dieser Tropfen ist und bleibt einer meiner Lieblingschampagner.

Preis: ● ● ● ○ ○
Ursprung: AOC Champagne
Erzeuger: Champagne Bruno Paillard
Rebsorte: Pinot Noir 45 %, Chardonnay 33 %, Pinot Meunier 22 %

Herstellung: Die Trauben für den Wein stammen von eigenen Rebflächen und von Hunderten Vertragswinzern. Wein aus mindestens drei unterschiedlichen Jahrgängen, davon fast ein Drittel aus früheren Jahren, wird für die Cuvée verwendet, die nach Abfüllung zum zweiten Mal in der Flasche gärt. Danach wird der Champagner auf der Hefe vor der Degorgierung drei Jahre gelagert und erhält eine Dosage von 8 g Zucker pro Liter.

Sonstiges: Bruno Paillard war ursprünglich als Makler im Traubenhandel tätig, startete dann aber seine eigene Produktion, wofür er seinen Jaguar verkaufte. Heute gehört er zu den einflussreichsten Produzenten der Champagne. Das Auto wurde vor vielen Jahren zurückgekauft und hat jetzt einen Ehrenplatz in der Garage.

ZU WELCHER GELEGENHEIT GETRUNKEN:

EIGENE ANMERKUNGEN:

Champagne
Charles Heidsieck N.V.

Einschätzung des Autors: Der Champagner zeigt eine weiße, schöne Brillanz mit heller, strohgelber Nuance.

Das Bouquet ist jung, komplex und sehr heftig mit mineralischem Einschlag, Zitrus und säuerlichem Apfel.

Der Geschmack ist trocken und mittelfüllig mit eleganter Säure. Die Fruchtigkeit ist vollmundig, aber wohlbalanciert. Nuancen von Brioche, Apfel und Mineralik schenken einen herrlichen, langen Abgang.

Preis: ● ● ● ○ ○
Ursprung: AOC Champagne
Erzeuger: Champagne Charles Heidsieck
Rebsorte: Chardonnay, Pinot Noir, Pinot Meunier

Herstellung: Der Wein wird zu gleichen Teilen aus den drei zugelassenen Rebsorten hergestellt, die zu 40 % von eigenen Rebflächen stammen. Nur die erste Pressung wird verarbeitet. Der Most wird im Stahltank vinifiziert. Die Grundweine durchlaufen die malolaktische Gärung. Die Dosage beträgt ganze 11 g Zucker pro Liter, was jedoch wegen der feinen Säure unbemerkt bleibt.

Sonstiges: Das Haus wurde 1851 von Charles-Camille Heidsick gegründet. Heute umfasst der Besitz zusammen mit dem Schwesterunternehmen Piper 45 Hektar Rebflächen in den Anbauregionen Côte des Bars, Côtes des Blanc und Montagne de Reims. Der Standardchampagner von Charles Heidsick kann sich problemlos mit vielen Prestigeschaumweinen messen.

ZU WELCHER GELEGENHEIT GETRUNKEN: ....

....

EIGENE ANMERKUNGEN: ....

....

CHAMPAGNE
BRUT

LES VIGNES
DE LA VALLÉE

DOMAINE
DEHOURS

750 ml

Champagne Dehours Les Vignes de la Vallée N.V.

Einschätzung des Autors: Der Champagner zeigt eine klare, schöne Farbe mit deutlicher Perlage und Nuancen von Stroh.

Das Bouquet ist jung, intensiv und brotig mit Einschlag von Mineralik, Zitrus und Rosen.

Der Geschmack ist trocken, fruchtig und leicht entwickelt mit einem Einschlag von Brioche, Mineralik und reifen, roten Äpfeln. Hier findet sich gut balancierte Säure, auf der die Frucht in den charmanten Abgang getragen wird.

Ein richtig guter Champagner zum Essen!

Preis: ●●●○○
Ursprung: AOC Champagne
Erzeuger: Domaine Dehours
Rebsorte: Pinot Meunier 60 %,
Chardonnay 30 %, Pinot Noir 10 %

Herstellung: Größere Teile der Grundweine stammen aus dem Jahrgang 2006, hier wurde jedoch ein vertretbarer Teil Reservewein aus hauseigener Solera verwendet. Nach dem Degorgieren wird dem Champagner eine sehr geringe Dosage von nur wenigen Gramm Zucker pro Liter hinzugefügt.

Sonstiges: Der leidenschaftlicher Champagner-Enthusiast kann das Datum der Degorgierung auf der Rückseite der Flasche ablesen. Ein Wein, den man einfach probieren muss jetzt oder nach fünf, sechs Jahren im Weinkeller – am besten beides!

ZU WELCHER GELEGENHEIT GETRUNKEN: ....

....

EIGENE ANMERKUNGEN: ....

....

Champagne Delamotte Blanc de Blancs N.V.

Einschätzung des Autors: Der Champagner zeigt eine klare, schöne Farbe mit einer hellen Nuance von Stroh und eine feine Perlage.

Das Bouquet ist jung, frisch und brotig mit nuanciertem Einschlag von Zitrus, Mineralik und Blüten.

Der Geschmack ist trocken, frisch und sehr jung mit deutlicher Säure. Hier sind großzügige Einschläge von Mineralik, Kalk und Zitrus enthalten, die gemeinsam im langen, schmackhaften Abgang nachklingen. Ein Champagner, der perfekt zu Austern passt!

Preis: ● ● ● ○ ○
Ursprung: **AOC Champagne**
Erzeuger: **Champagne Delamotte**
Rebsorte: **Chardonnay**

Herstellung: Die Trauben stammen ausschließlich von eigenen Rebflächen in Le Mesnil, Avize und Oger. Die Grundweine, hauptsächlich aus dem Jahr 2009, gären im Stahltank und werden vor Flaschenabfüllung und zweiter Gärung gemscht. Der Wein wird vor der Degorgierung mindestens vier Jahre gelagert und erhält eine Dosage von 8 g Zucker pro Liter.

Sonstiges: In den Jahren, in denen der Spitzenchampagner Salon nicht hergestellt wurde, fanden alle Trauben im Schwesterhaus Delamotte für erheblich bis extrem preiswerten Champagner wie diesen Verwendung.

ZU WELCHER GELEGENHEIT GETRUNKEN: ....

....

EIGENE ANMERKUNGEN: ....

....

Champagne Diebolt-Vallois Fleur de Passion 2006

Einschätzung des Autors: Der Champagner zeigt eine klare, goldene Farbe mit grün-schimmernder Nuance und schöner Perlage.

Das Bouquet ist entwickelt, elegant und komplex mit nuancierten Röstaromen und einem Einschlag von Mokkabohnen, Mineralik, Brioche und sonnenreifen, weißen Pfirsichen.

Der Geschmack ist trocken, frisch und säuerlich mit angenehm komplexen Noten von Mineralik und Melone in Verbindung mit einer feinen Hefenote, die in einem sagenhaften Abgang verklingen.

Der Champagner ist noch jung, trotzdem jedoch bereits unglaublich komplex!

Preis: ● ● ● ● ●
Ursprung: **AOC Cramant, Champagne**
Erzeuger: **Champagne Diebolt-Vallois**
Rebsorte: **Chardonnay**

Herstellung: Alle Trauben stammen von Weinreben, die älter als 50 Jahre sind. Größere Teile werden in den Rebflächen Les Buzons im Dorf Cramant gelesen. Die Grundweine gären in alten, französischen Eichenfässern, malolaktische Gärung wird weitmöglichst vermieden. Danach werden die Grundweine sechs Monate vor Abfüllung und zweiter Gärung gelagert. Danach reift der Wein weitere sechsein-halb Jahre. Bei der Degorgierung wird dem Champagner 6 g Zucker pro Liter hinzugefügt.

Sonstiges: Einen so guten Prestigechampagner zu einem solchen Preis zu finden, hat etwas Absurdes. Der Wein wird seit 1995 nur aus den wirklich guten Jahrgängen produziert. Hier haben wir einen Champagner für Kenner, Sammler und bewusste Konsumenten.

ZU WELCHER GELEGENHEIT GETRUNKEN: ....

....

EIGENE ANMERKUNGEN: ....

....

Champagne Diebolt-Vallois Prestige Brut N.V.

Einschätzung des Autors: Der Champagner hat eine klare, helle Farbe mit Nuancen von Stroh.

Das Bouquet ist jung, angenehm und frisch mit Einschlag von Blüten und Zitrusfrüchten in Verbindung mit Mineralik und subtiler Hefencte.

Der Geschmack ist trocken, sehr elegant und frisch mit feiner Mineralik in Verbindung mit Aromen reifer, gelber Äpfel, le chter Hefencte und einem unvergleichlichen Abgang.

Preis: ●●●●●
Ursprung: **AOC Cramant, Champagne**
Erzeuger: **Champagne Diebolt-Vallois**
Rebsorte: **Chardonnay**

Herstellung: Die Trauben für den Wein stammen ausschließlich aus den Grand-Cru-Dörferr Les Mesnil-sur-Oger, Cramant und Chouilly an der Côte des Blancs. Der Wein ist eine Mischung aus drei Jahrgängen, dabei hauptsächlich Wein aus dem Jahr 2012, gelagert in Stahltanks. Die älteren Jahrgänge werden in französischen Eichenfässern ausgebaut. Der Wein gärt zum zweiten Mal in der Flasche und wird zwei Jahre auf der Hefe gelagert, dann erhält er eine Dosage von 7 g Zucker pro Liter.

Sonstiges: Für Liebhaber von typischen Chardonnays und Côtes des Blancs ist dieser Champagner ein Muss!

ZU WELCHER GELEGENHEIT GETRUNKEN:

EIGENE ANMERKUNGEN:

Champagne G.H. Mumm Le Millésime 2006

Einschätzung des Autors: Der Champagner hat eine klare, schöne, goldene Farbe mit Nuancen von Messing.

Das Bouquet ist komplex mit beginnender Reife und feiner Fruchtigkeit von Brioche und leichten Röstaromen, Mineralik, Birne und sonnenreifen Zitronen.

Der Geschmack ist trocken, mittelfüllig und wohlbalanciert mit viel feiner Säure und eleganter Fruchtigkeit, die dem Wein zusammen mit einem nuancierten Mineralcharakter einen superben, langen Abgang verleihen.

Preis: ●●●○○
Ursprung: **AOC Champagne**
Erzeuger: **Champagne G.H. Mumm**
Rebsorte: **Pinot Noir 68 %, Chardonnay 32 %**

Herstellung: Der Wein wird aus Grundweinen von 44 verschiedenen Rebflächen produziert. Der Champagner wird nach fünf Jahren Lagerung auf der Hefe degorgiert und erhält 6 g Zucker pro Liter als Dosage.

Sonstiges: Ein sehr preiswerter Jahrgangschampagner für alle Gelegenheiten. Ich trinke ihn am liebsten in einem Champagnerglas mit etwas weiterem Kelch, damit sich alle herrlichen Reifearomen, die sich bereits zeigen, entfalten können.

ZU WELCHER GELEGENHEIT GETRUNKEN: ....

....

EIGENE ANMERKUNGEN: ....

....

CHAMPAGNE

CHARLEMAGNE

BRUT NATURE

ÉLABORÉ PAR S.A. GUY CHARLEMAGNE, 51190 LE MESNIL-SUR-OGER - FRANCE
SR-20664-01
PRODUCT OF FRANCE

Champagne
Guy Charlemagne
Brut Nature N.V.

Einschätzung des Autors: Der Champagner zeigt eine klare, weiße Farbe mit feiner Perlage und Nuancen von Stroh.

Das Bouquet ist jung, frisch und sehr mineralreich mit eleganten, fruchtigen Aromen von Zitrus und grünem Apfel.

Der Geschmack ist trocken, sehr frisch und herrlich cremig mit feiner Säure in Verbindung mit nuancierter Fruchtigkeit, grünem Apfel und Zitrus, die gemeinsam einen angenehmen, trockenen Abgang erzeugen.

Preis: ● ● ● ○ ○
Ursprung: AOC Champagne
Erzeuger: Champagne Guy Charlemagne
Rebsorte: Chardonnay 70 %, Pinot Noir 30 %

Herstellung: Die Trauben stammen von den kalkreichen Böden in Sézanne in der südlichen Champagne. Nach der zweiten Gärung in der Flasche wird der Wein auf der Hefe vor der Degorgierung mehr als zwei Jahre gelagert und erhält dann eine Dosage von 2 g Zucker pro Liter.

Sonstiges: Ein brillanter Champagner eines fast hundert Jahre alten Familienproduzenten. Die extrem gute Qualität rechtfertigt den stolzen Preis.

ZU WELCHER GELEGENHEIT GETRUNKEN: ....

....

EIGENE ANMERKUNGEN: ....

....

CHAMPAGNE
Blin's

MILLÉSIME 2009   QUINTESSENCE MEUNIER   BLANC DE NOIRS   EXTRA BRUT

ÉDITION LIMITÉE B

Champagne H. Blin's Quintessence Meunier Extra Brut N.V.

Einschätzung des Autors: Der Champagner zeigt eine klare, weiße Farbe mit deutlicher Perlage und Nuancen von Stroh.

Das Bouquet ist trocken, sehr mineralreich und angenehm mit einem Einschlag von roten Beeren, Brot und Rosen.

Der Geschmack ist trocken, fruchtig und sehr frisch mit feiner, rotbeeriger Fruchtigkeit, guter Säure und deutlich mineralischem Charakter, der in einem langen, feinen Abgang nachklingt.

Ein hervorragender Champagner!

Preis: ●●●○○
Ursprung: AOC Champagne
Erzeuger: Champagne H. Blin
Rebsorte: Pinot Meunier

Herstellung: Hier findet man etwas ganz Ungewöhnliches, nämlich einen Champagner ausschließlich aus Pinot Meunier. Die Trauben stammen ausnahmslos von eigenen Rebflächen und werden mit der traditionellen Champagner-Methode vinifiziert. Dann wird der Wein auf der Hefe für mindestens fünf Jahre vor der Degorgierung gelagert, bei der er eine Dosage von etwa 2,5 g Zucker pro Liter erhält.

Sonstiges: Diesen Champagner muss man unbedingt erleben, gern zu hellem Fleisch von Kalb oder Geflügel. Warum nicht eine Wachtel, gefüllt mit Gänseleber, serviert mit Spitz-Morcheln!?

ZU WELCHER GELEGENHEIT GETRUNKEN: ....

....

EIGENE ANMERKUNGEN: ....

....

Champagne
Henri Giraud
Fût de Chêne Brut N.V.

Einschätzung des Autors: Der Champagner zeigt eine klare, goldene Farbe mit feiner Perlage und Nuancen von Messing.

Das Bouquet ist entwickelt, vollmundig und komplex mit Röstaromen von Eichenfass, roten Äpfeln, Nüssen und Pilzen.

Der Geschmack ist trocken, füllig und sehr gut balanciert mit feinen Aromen von Äpfeln, Mineralik und Brioche, die gemeinsam mit der feinen Säure einen wirklich langen, feinen Abgang hinterlassen.

Ein sehr guter, schmackhafter Champagner zum Essen.

Preis: ● ● ● ● ●
Ursprung: AOC Champagne
Erzeuger: Champagne Henri Giraud
Rebsorte: Pinot Noir 75 %, Chardonnay 25 %

Herstellung: Die Trauben werden von Hand auf den eigenen Rebflächen im Grand-Cru-Dorf Aÿ gelesen. Aus ihnen werden dann die Grundweine hergestellt, die in einem Solera-System mit Eichenfässern aus den Argonnen in Frankreich gelagert werden. Nach der Abfüllung gärt der Wein ein zweites Mal und lagert bis zur Degorgierung sechs Jahre auf der Hefe. Er erhält eine Dosage von 12 g Zucker pro Liter.

ZU WELCHER GELEGENHEIT GETRUNKEN: ....

....

EIGENE ANMERKUNGEN: ....

....

Champagne Henriot Millésime 2006

Einschätzung des Autors: Der Champagner hat eine schöne, goldgelbe Farbe mit Nuancen vor Messing.

Preis: ● ● ● ● ○
Ursprung: AOC Champagne
Erzeuger: Champagne Henriot
Rebsorte: Chardonnay 50 %, Pinot Noir 50 %

Das Bouquet ist entwickelt, sehr komplex mit angenehmen Röstnoten von Birne, Brioche, Mineralik und Champignons.

Der Geschmack ist trocken, füllig und sehr elegant mit perfekter Säure in Verbindung mit feiner Fruchtigkeit und beginnender Reife. Hier findet man in Form klassischer Champagneraromen alles, was man sich wünschen kann. Der Abgang ist wunderbar lang und harmonisch.

Einfach irrsinnig gut!

Herstellung: Vor Abfüllung und zweiter Gärung in der Flasche dürfen die Grundweine für diesen fantastischen Champagner die malolaktische Gärung durchlaufen. Der Wein wird auf der Hefe für mindestens sieben Jahre vor der Degorgierung gelagert, bei der eine Dosage von etwa 8 g Zucker pro Liter hinzugefügt wird.

Sonstiges: Champagne Henriot zählt zu meinen Lieblingsproduzenten, nicht nu wegen der wunderbaren Weine, sondern auch wegen des herzlichen Empfangs, der mir hier bei jedem Besuch bereitet wird. Wenn man einen Produzenten besuchen und in der Champagne erkunden sollte, dann ist es Henriot.

ZU WELCHER GELEGENHEIT GETRUNKEN: ....

....

EIGENE ANMERKUNGEN: ....

....

Champagne Jacquesson Brut Cuvée 738 N.V.

Einschätzung des Autors: Der Champagner zeigt eine helle, strohgelbe Farbe mit feiner Intensität.

Das Bouquet ist entwickelt mit einigen sämigen Noten reifer Herbstäpfel, Brioche und Mineralik. Das Aroma ist herrlich trocken und füllig mit gut balancierter Säure, vollmundiger Frucht und imponierender Struktur.

Der Champagner hat einen langen, feinen Abgang.

Preis: ● ● ● ○ ○
Ursprung: AOC Champagne
Erzeuger: Jacquesson et fils
Rebsorte: Chardonnay 61 %, Pinot Noir 21 %, 18 % Pinot Meunier

Herstellung: Die Trauben werden von Hand gelesen, nur der beste Most aus der ersten Pressung wird verwendet. Die Cuvée 738 besteht zu 70 % aus Wein des Jahrgangs 2010, gemischt mit Reservewein früherer Jahre. Die Grundweine durchlaufen die malolaktische Gärung und werden vor Abfüllung einige Monate in Eichenfässern gelagert. Danach wird der Wein auf der Hefe für drei bis vier Jahre in der Flasche gelagert. Die Dosage beträgt 3,5 Gramm Zucker pro Liter.

Sonstiges: Der frühere Standardchampagner des Hauses wurde von der sogenannten 700er-Serie abgelöst. Grund dafür ist, dass der Standardchampagner von Jacquesson nicht jedes Jahr exakt gleich schmecken muss. Stattdessen müssen die Jahrgänge ausgehend von den herrschenden Bedingungen die höchstmögliche Qualität aufweisen und dürfen deshalb vom Aroma her variieren. Die erste produzierte Cuvée erhielt die Bezeichnung 728 und hatte bisher acht unterschiedliche, durchnummerierte Nachfolger. Ein Muss für Liebhaber und Sammler!

ZU WELCHER GELEGENHEIT GETRUNKEN:

EIGENE ANMERKUNGEN:

Champagne Krug Grande Cuvée N.V.

Einschätzung des Autors: Der Champagner hat eine schöne, helle Farbe mit goldgelben Nuancen und feiner Perlage.

Das Bouquet ist intensiv, vollmundig und komplex mit Einschlag von Brioche, Mineralik, reifen Äpfeln und gerösteten Kaffeebohnen.

Der Geschmack ist trocken, frisch und füllig mit perfekt balancierter Säure und angenehmen Aromen roter Äpfel, Mineralik, Mandeln und getrockneten, exotischen Früchten. Wenige Champagner können mit solcher Kraft bei gleichzeitiger Finesse aufwarten. Auf jeden Schluck folgt ein herrlich langer Abgang.

> Preis: ● ● ● ● ●
> Ursprung: **AOC Champagne**
> Erzeuger: **Krug**
> Rebsorte: **Pinot Noir, Chardonnay, Pinot Meunier**

Herstellung: Der Krug Grande Cuvée ist ein meisterlicher Champagner. Um das perfekte Ergebnis zu erzielen, werden bis zu 120 verschiedene Weine aus über zehn unterschiedlichen Jahrgängen verwendet. Die Grundweine werden zur Erzeugung angenehmer Reifenuancen in alten französischen Eichenfässern gelagert. Nach der zweiten Gärung wird der Wein vor der Degorgierung mindestens sechs Jahre auf der Hefe gelagert.

Sonstiges: Nur wenige Champagner können sich mit Krug messen. Es zählt nicht ohne Grund zu den teuersten Champagnern im Handel, ist aber auch einer der absolut besten. Einmal diese vielen verschiedenen Noten an Düften und Aromen zu erleben, wie sie dieser Champagner bietet, ist ein Muss!

ZU WELCHER GELEGENHEIT GETRUNKEN: ....

....

EIGENE ANMERKUNGEN: ....

....

Champagne Palmer & Co Amazone N.V.

Einschätzung des Autors: Der Champagner zeigt eine schöne, goldene Farbe mit feiner Perlage und Nuancen von Messing.

Das Bouquet ist entwickelt, komplex und angenehm mit feinem Einschlag von Mineralik, geröstetem Brot, eleganter Nussigkeit und heller Schokolade.

Der Geschmack ist trocken, reif und komplex mit viel gut balancierter Säure, eleganter und vollmundiger, reifer Fruchtigkeit und mündet in einen wunderbaren Abgang.

Sehr zu empfehlen!

Preis: ● ● ● ● ○
Ursprung: **AOC Champagne**
Erzeuger: **Champagne Palmer & Co.**
Rebsorte: **Chardonnay 50 %, Pinot Noir 50 %**

Herstellung: Der Wein ist das Resultat sorgfältig ausgewählter Grundweine nach einem Geheimrezept. Nach der zweiten Gärung wird der Wein über zehn Jahre auf der Hefe vor dem Rütteln (von Hand) und der Degorgierung gelagert. Er erhält dann eine niedrige Dosage, um die eleganten Reifearomen nicht zu zerstören.

Sonstiges: Ein erfahrener Rüttler schafft bis zu 60 000 Flaschen am Tag in den klassischer Holzgestellen, die Pupitres genannt werden. Die Flaschen werden gerüttelt (Remucge), damit sich die Hefe vor dem Abschlämmen (Degorgieren) am Boden sammelt.

ZU WELCHER GELEGENHEIT GETRUNKEN:

EIGENE ANMERKUNGEN:

Champagne Perrier-Jouët
Belle Époque 2007

Einschätzung des Autors: Der Champagner zeigt eine weiße, schöne, brillante Farbe mit strohgelber Nuance.

Das Bouquet ist noch jung, sehr brotig mit deutlich mineralischen Noten und fruchtig-blumigem Einschlag von Buschwindröschen.

Der Geschmack ist mittelfüllig und elegant mit deutlicher, aber gut balancierter Säure. Der Wein zeigt eine feine Fruchtigkeit weißer Pfirsiche, Mineralik und Brioche in Verbindung mit einem langen, klingenden Abgang.

Preis: ●●●●●
Ursprung: **AOC Champagne**
Erzeuger: **Champagne Perrier-Jouët**
Rebsorte: **Chardonnay und Pinot Noir**

Herstellung: Ausschließlich die erste Pressung der Trauben wird verwendet. Der Most wird dann in Edelstahltanks vinifiziert. Die Grundweine durchlaufen die malolaktische Gärung. Nach der zweiten Gärung in der Flasche wird der Wein vor der Degorgierung mindestens sieben Jahre auf der Hefe gelagert. Die Dosage beträgt 8 Gramm Zucker pro Liter.

Sonstiges: Nur wenige Champagner verändern sich während der Lagerung so sehr wie der Perrier-Jouët. Am bekanntesten ist Belle Epoque, dessen Flaschen mit schönen, von Émile Gallé im Jahr 1902 gemalten Anemonen im Jugendstil geschmückt werden. Der junge Wein ist durch feine Frucht mit Einschlag reifer Äpfel und Birnen gekennzeichnet. Nach einigen Jahren Lagerung zeigt er dann sehr angenehme, nussige Karamellaromen.

ZU WELCHER GELEGENHEIT GETRUNKEN:

EIGENE ANMERKUNGEN:

Champagne Pierre Péters Cuvée de Réserve N.V.

Einschätzung des Autors: Der Champagner hat eine helle Farbe mit schöner Brillanz und deutlicher Perlage.

Das Bouquet ist rein und intensiv mineralisch mit einem Einschlag grüner Äpfel und einer eleganten Hefenote.

Der Geschmack ist trocken und mittelfüllig mit guter Säure, Finesse und Mineralik. Hier findet man angenehm blumige Aromen vereint mit säuerlicher Frucht, Zitrus und grünem Apfel, die gemeinsam einen langen, herrlichen Abgang schenken.

Sehr empfehlenswert!

Preis: ● ● ● ○ ○
Ursprung: **AOC Champagne**
Erzeuger: **Champagne Pierre Péters**
Rebsorte: **Chardonnay**

Herstellung: Die Trauben werden auf den eigenen Rebflächen im Grand-Cru-Dorf Le Mesnil-Sur-Oger von Hand gelesen. Nur die erste Pressung wird für den Grundwein verwendet, der die malolaktische Gärung durchläuft. Der Wein wird vor der Degorgierung drei Jahre auf der Hefe gelagert und erhält eine Dosage von 6 g Zucker pro Liter.

Sonstiges: Ein mehr oder weniger offenes Geheimnis ist, dass die Magnumflaschen immer von einem einzigen Jahrgang stammen. Im Moment geht es um das Jahr 2010. Wer es weiß, kann also einen Jahrgangschampagner zum erschwinglichen Preis genießen. Aber nicht darüber sprechen!

ZU WELCHER GELEGENHEIT GETRUNKEN: ....

....

EIGENE ANMERKUNGEN: ....

....

Champagne Pierre Péters Rosé for Albane N.V.

Einschätzung des Autors: Der Champagner hat eine klare, schöne, rosa Farbe mit deutlicher Perlage.

Das Bouquet ist jung, frisch und sehr beerig mit deutlichem Einschlag von Himbeeren und Walderdbeeren, gemischt mit angenehmen mineralischen und Brioche-Noten.

Der Geschmack ist trocken, aber sehr fruchtig mit deutlicher Säure und angenehmem mineralischem Ton, der dem Wein gemeinsam mit roten Beeren eine wunderbare Finesse im Abgang schenkt.

Preis: ● ● ● ○ ○
Ursprung: AOC Champagne
Erzeuger: Champagne Pierre Péters
Rebsorte: Chardonnay, Pinot Meunier

Herstellung: Der Wein wird aus einer Mischung aus Pinot Meunier und weißem Chardonnay hergestellt. Nach Mischung und einer zweiten Gärung wird der Wein vor der Degorgierung weitere 30 Monate gelagert und erhält eine Dosage von ca. 7 g Zucker pro Liter.

Sonstiges: Diesen Wein widmete der Besitzer und Weinproduzent Rodolphe Pèters seiner neugeborenen Tochter. Ein Wein also für eine Prinzessin. Der Wein kann gut separat, aber auch zu Schalentieren, hellem Fleisch oder Geflügel genossen werden.

ZU WELCHER GELEGENHEIT GETRUNKEN: ....

....

EIGENE ANMERKUNGEN: ....

....

Champagne Sublime Grand Cru 2005

Einschätzung des Autors: Der Champagner zeigt eine klare, weiße Farbe mit schöner Perlage und Nuancen von Stroh.

Das Bouquet ist entwickelt, angenehm und sortentypisch mit deutlichen Noten gerösteter Kaffeebohnen, Zitrus, Birne und Mineralik.

Der Geschmack ist trocken, mittelfüllig und angenehm mit deutlicher Säure, Aromen von Mineralik, Mokka und nuancierter Hefenote, die dem Wein einen superb langen, feinen Abgang verleihen.

Sehr gut! Wenn die Côtes des Blanc liefert, muss es so schmecken!

Preis: ●●●○○
Ursprung: AOC Champagne
Erzeuger: Champagne Le Mesnil
Rebsorte: Chardonnay

Herstellung: Die Trauben stammen von Weinreben mit einem Durchschnittsalter von dreißig Jahren. Die Grundweine werden in Stahltanks ausgebaut und dann vor Abfüllung und zweiter Gärung gemischt. Danach werden die Weine vor der Degorgierung vier Jahre auf der Hefe gelagert und erhalten eine Dosage von etwa 8 g Zucker pro Liter.

Sonstiges: Le Mesnil ist eine relativ kleine Kooperative in den Côtes des Blancs, die Weine hoher Qualität produziert. Wie so oft bei Kooperativen hat man auch hier die Chance, bei einem wunderbaren Erzeuger preiswerte Weine zu entdecken.

ZU WELCHER GELEGENHEIT GETRUNKEN: ....

....

EIGENE ANMERKUNGEN: ....

....

Crémant de Bourgogne
Clotilde Davenne
Brut Extra N.V.

Einschätzung des Autors: Der Crémant zeigt eine klare, hellweiße Farbe mit feiner Perlage und Nuancen von Stroh.

Das Bouquet ist jung, frisch und vollmundig mit deutlich mineralischem Einschlag, Hefenote, säuerlicher Frucht und gelbem Apfel.

Der Geschmack ist trocken, frisch und elegant mit feiner Säure, einer Note Mineralik und angenehm-eleganter Frucht gelber Äpfel, die dem Crémant mit einer feinen Säure einen langen, angenehmen Abgang schenken.

Preis: ●●○○○
Ursprung: AOC Crémant de Bourgogne
Erzeuger: Clotilde Davenne
Rebsorte: Pinot Noir 60%, Chardonnay 40%

Herstellung: Der Crémant wird nach der traditionellen Champagner-Methode hergestellt und ist in der Regel eine Mischung aus zwei unterschiedlichen Jahrgängen. Er erhält nach der Degorgierung keine Dosage und ist somit sehr trocken.

Sonstiges: Das Ergebnis einer gelungenen Zusammenarbeit mit einem guten Freund von Clotilde Davenne, dessen Passion der Champagner ist.

ZU WELCHER GELEGENHEIT GETRUNKEN: ....

....

EIGENE ANMERKUNGEN: ....

....

Crémant de Bourgogne Geisweiler Monopole Brut N.V.

Einschätzung des Autors: Der Crémant zeigt eine klare, helle Farbe mit schöner Perlage und schwachen Nuancen von Stroh.

Das Bouquet ist jung, frisch und fruchtig mit nuanciertem Einschlag von Mineralik, weißen kleinen Blüten und grünem Apfel.

Der Geschmack ist trocken, leicht und frisch mit feiner Säure, einer gewissen Fruchtigkeit und nuanciertem Einschlag grüner Äpfel und Apfelblüten, die in einen recht langen Abgang münden.

Preis: ● ● ○ ○ ○
Ursprung: AOC Crémant de Bourgogne
Erzeuger: **Geisweiler**
Rebsorte: **Chardonnay 40 %, Pinot Noir 37 %, Gamay 20 %, Aligoté 3 %**

Herstellung: Die Grundweine werden vor dem Mischen und Abfüllen und der zweiten Gärung neun Monate auf der Hefe gelagert. Danach wird der Wein vor der Degorgierung weitere 18 Monate gelagert und erhält eine Dosage von 10 g Zucker pro Liter.

Sonstiges: Geisweiler zählt zu den ältesten Crémant-Produzenten der Bourgogne. Das Haus wurde bereits 1804 vom damals 23-jährigen François Geisweiler gegründet. Die blaue Flasche wird Blue Royal genannt und spiegelt die lange Tradition des Hauses wider.

ZU WELCHER GELEGENHEIT GETRUNKEN: ....

....

EIGENE ANMERKUNGEN: ....

....

Crémant de Bourgogne
Vincent Brut N.V.

Einschätzung des Autors: Der Crémant zeigt eine klare, helle Farbe mit feiner Perlage und Nuancen von Stroh.

Das Bouquet ist jung, frisch und brotig mit angenehmem Einschlag von Zitrus, Mineralik und grünem Apfel.

Der Geschmack ist trocken und ausgesprochen elegant mit deutlich mineralischen Noten. Die gut balancierte, aber straffe Säure umgibt die feine Fruchtigkeit und schenkt einen herrlich langen Abgang.

Ein unglaublich guter Crémant!

Preis: ●●○○○
Ursprung: **AOC Crémant de Bourgogne**
Erzeuger: **Chateau Fuissé**
Rebsorte: **Chardonnay**

Herstellung: Die Trauben stammen von Rebflächen im Mâcconais. Sie werden zeitig geerntet, um ihre Frische zu erhalten. Der Crémant wird nach der traditionellen Champagner-Methode hergestellt und abgefüllt auf der Hefe zwölf Monate gelagert.

Sonstiges: Finesse, Eleganz und Stärke sind die Ziele des Winzers Antoine Vincent. Und genau das wird mit den kalkreichen Lehmböden in Verbindung mit der klassischen Vinifizierung der Trauben erreicht. Hier handelt es sich um einen Crémant der elegantesten Sorte.

ZU WELCHER GELEGENHEIT GETRUNKEN: ....

....

EIGENE ANMERKUNGEN: ....

....

Crémant de Bourgogne Vive-la-Joie Brut 2008

Einschätzung des Autors: Der Crémant zeigt eine klare, weiße Farbe mit deutlicher Perlage und Nuancen von Stroh.

Das Bouquet ist entwickelt, elegant und vollmundig mit deutlichen Noten von Mineralik, Orangenblüten und nuancierter Hefenote.

Der Geschmack ist trocken, füllig und intensiv mit Einschlag karamellisierten Zuckers, Vanille und Zitrus in Verbindung mit einem Hauch Eichenfass und mineralischen Noten. Die straffe, wohlbalancierte Säure schenkt dem Wein einen langen, feinen Abgang.

Ein sehr interessanter Crémant, der an einen guten Rum erinnert.

Preis: ●●○○○
Ursprung: AOC Crémant de Bourgogne
Erzeuger: Cave de Bailly
Rebsorte: Pinot Noir, Chardonnay

Herstellung: Die Grundweine werden in Stahltanks ausgebaut und danach vor Mischung und Abfüllung zehn Monate gelagert. Nach der zweiten, traditionellen Gärung in der Flasche wird der Wein vor der Degorgierung weitere drei Jahre gelagert.

Sonstiges: Cave de Bailly ist einer der größten Crémant-Produzenten im Burgund. Das Weingut stellt fast 30% der Gesamtproduktion her.

ZU WELCHER GELEGENHEIT GETRUNKEN: ....
....

EIGENE ANMERKUNGEN: ....
....

Domaine Vigneau-Chevreau Méthode Traditionnelle Brut N.V.

Einschätzung des Autors: Der Schaumwein zeigt eine klare, goldene Farbe mit feiner Perlage und Nuancen von Stroh.

Das Bouquet ist entwickelt, intensiv und sehr charakteristisch mit Einschlag von Erdkeller, Nussschale und reifen Äpfeln.

Der Geschmack ist trocken, füllig und fruchtig mit deutlicher Säure, die mit angenehmem Einschlag reifer Früchte, süßer Erdbeeren und Kelleraromen korrespondiert, was einen interessanten, herrlichen Abgang ergibt. Ein Schaumwein mit einer ausgesprochenen Individualität!

Preis: ●●○○○
Ursprung: **AOC Vouvray, Loire**
Erzeuger: **Domaine Vigneau-Chevreau**
Rebsorte: **Chenin Blanc**

Herstellung: Der Schaumwein wird ausschließlich aus Chenin Blanc hergestellt, recht unüblich für moussierende Weine. Nach der zweiten Gärung in der Flasche nach traditioneller Methode wird der Wein auf der Hefe vor der Degorgierung zwei Jahre gelagert.

Sonstiges: Die Domaine Vigneau-Chevreau arbeitet seit 1995 komplett biodynamisch und in Übereinstimmung mit dem Natur- und Mondkalender, um so gute Weine wie nur irgend möglich zu erzeugen. Ein Tropfen, den man einfach erleben muss.

ZU WELCHER GELEGENHEIT GETRUNKEN: ....

....

EIGENE ANMERKUNGEN: ....

....

Joël Delaunay Brut N.V.

Einschätzung des Autors: Der Schaumwein hat eine klare, schöne, helle Farbe mit grün schimmernden Nuancen und feiner Perlage.

Das Bouquet ist jung, frisch und appetitlich mit Einschlag von Kalktuff, Zitrus, Blüten und grünem, säuerlichem Apfel.

Der Geschmack ist trocken, frisch und straff mit deutlicher Säure, einem Einschlag von Zitrus mit einer angenehmen Hefenote, die in einem herrlich langen, erfrischenden Abgang nachklingt. Ein wirklich guter Schaumwein zu diesem Preis!

Preis: ●●○○○
Ursprung: AOC Tourraine, Loire
Erzeuger: Domaine Joël Delaunay
Rebsorte: Chardonnay, Arbois

Herstellung: Der Wein wird unter anderem aus der eher seltenen Rebsorte Arbois hergestellt, die feine Fruchtigkeit einbringt, während der Chardonnay für Säure und Frische steht. Nach der zweiten Gärung in der Flasche wird der Wein vor der Degorgierung etwa zwei Jahre gelagert.

Sonstiges: Eine preiswerte Alternative, die gegen erheblich teurere Champagner ausgezeichnet besteht. Mindestens eine Flasche Joël Delaunay Brut sollte in jedem Kühlschrank liegen.

ZU WELCHER GELEGENHEIT GETRUNKEN: ....

....

EIGENE ANMERKUNGEN: ....

....

Langlois Brut N.V.

Einschätzung des Autors: Der Crémant zeigt eine goldene Farbe mit feiner Perlage und Nuancen von Messing.

Das Bouquet ist jung, brotig und sehr mineralreich mit Einschlag von Zitrus und Wildrose.

Der Geschmack ist trocken, leicht und elegant mit feiner Säure in Verbindung mit einem frischen, fruchtigen Einschlag, der dem Duft entspricht. Ein angenehmer Abgang schließt das Geschmackserlebnis ab.

Ein richtig guter, preiswerter Crémant.

Preis: ●●○○○
Ursprung: AOC Crémant de Loire
Erzeuger: Langlois-Chateau
Rebsorte: Chenin Blanc 60 %,
Chardonnay 20 %, Cabernet Franc 20 %

Herstellung: Die Trauben stammen von sechs verschiedenen Rebflächen mit unterschiedlichen Böden, durch die die Komplexität erzielt wird. Nach der Gärung der Grundweine in Stahltanks werden diese vor der zweiten Abfüllung mit 10 % Reservewein gemischt. Nach der Flaschengärung wird der Wein vor der Degorgierung ganze drei Jahre gelagert.

Sonstiges: Langlois-Chateau ist seit vielen Jahren im Besitz des Champagner-Hauses Bollinger, das Stil und Design prägt. Das macht Langlois-Chateau zu einem meiner Favoriten unter den preiswerten Crémants.

ZU WELCHER GELEGENHEIT GETRUNKEN: ....

....

EIGENE ANMERKUNGEN: ....

....

Alma Bellavista Cuvée Brut N.V.

Einschätzung des Autors: Der Schaumwein zeigt eine klare, schöne Farbe mit deutlicher Perlage und Nuancen von Messing.

Das Bouquet ist jung, frisch und sehr brotig mit Einschlag von Zitrusblüten, Mineralik und Kalk.

Der Geschmack ist trocken, mittelfüllig und frisch mit vollmundiger Fruchtigkeit in Verbindung mit angenehmer Säure, einem Einschlag von Mineralik und Stachelbeeren, die zusammen einen langen, superben, herrlichen Abgang erzeugen.

Ein perfekter Italiener!

Preis: ● ● ● ○ ○
Ursprung: AOC Franciacorta, Lombardei
Erzeuger: Azienda Agricola Bellavista
Rebsorte: Chardonnay 80 %, Pinot Noir 19 %, Pinot Blanc 1 %

Herstellung: Etwa 15 % der Grundweine werden in amerikanischen Eichenfässern ausgebaut, um später mit restlichen Teilen Grundwein und Reservewein gemischt zu werden. Nach der Abfüllung und der zweiten Gärung in der Flasche wird der Wein vor der Degorgierung ganze vier Jahre gelagert.

Sonstiges: Ein richtig herrlicher Schaumwein. Und obwohl es sich nicht um einen Jahrgangswein handelt, kann er wunderbar im Keller gelagert werden. Wer ihn schon jetzt genießen möchte, trinkt ihn zu Schalentieren oder Gänseleber.

ZU WELCHER GELEGENHEIT GETRUNKEN: ....

....

EIGENE ANMERKUNGEN: ....

....

Barone Montalto
Pinot Grigio Brut N.V.

Einschätzung des Autors: Der Spumante zeigt eine helle Farbe mit feiner Perlage und schwachen Nuancen von Messing.

Das Bouquet ist jung, nuanciert und fruchtig mit Einschlag von Pfirsich und Rosen.

Der Geschmack ist trocken, leicht und frisch mit vollmundiger Frucht, gewissen mineralischen und nuancierten Noten exotischer Früchte, die dem Wein gemeinsam mit der feinen Säure einen ausgezeichneten Abgang verleihen.

Ein solider, preiswerter Spumante.

Preis: ● ○ ○ ○ ○
Ursprung: **Vino Spumante**
Erzeuger: **Barone Montalto**
Rebsorte: **Pinot Grigio**

Herstellung: Die Trauben werden im Belice-Tal auf Sizilien von Hand gelesen. Direkt nach der Ernte werden sie von der verantwortlichen Önologin Federica Lauterio nach der Méthode Charmat vinifiziert.

Sonstiges: Dieser moussierende Wein aus Sizilien ist eher ungewöhnlich und deshalb sollte man ihn unbedingt probieren. Er ist passend bei jedem Empfang oder zu zitrusduftendem Schalentier-Risotto.

ZU WELCHER GELEGENHEIT GETRUNKEN: ....

....

EIGENE ANMERKUNGEN: ....

....

Berlucchi '61 Brut N.V.

Einschätzung des Autors: Der Schaumwein zeigt eine klare, schöne weiße Farbe mit deutlicher Perlage und Nuancen von Stroh.

Das Bouquet ist jung, nuanciert und frisch mit einem Einschlag von Birne und roten Beeren.

Der Geschmack ist trocken, leicht und frisch mit feiner Säure, einem gewissen Mineralton, angenehm-eleganter Frucht gelber Äpfel und einem Hauch von Birne, die gemeinsam einen sehr schönen Abgang erzeugen.

Preis: ●●○○○
Ursprung: AOC Franciacorta, Lombardei
Erzeuger: Guido Berlucchi
Rebsorte: Chardonnay 90%, Pinot Nero 10%

Herstellung: Der Wein wird nach der klassischen Champagner-Methode hergestellt, die beim vorsichtigen Pressen der Trauben beginnt. Der Wein gärt zum zweiten Mal in der Flasche und wird zwei Jahre auf der Hefe gelagert. Bei der Degorgierung erhält er eine Dosage von 7 g Zucker pro Liter.

Sonstiges: Ein klassischer Sekt aus Franciacorta im Norden Italiens, bekannt für gute moussierende Weine nach traditioneller Art. Der erste Jahrgang gab dem Schaumwein seinen Namen, da es sich genau um das Jahr 1961 handelte.

ZU WELCHER GELEGENHEIT GETRUNKEN: ....

....

EIGENE ANMERKUNGEN: ....

....

Berlucchi '61
Brut Rosé N.V.

Einschätzung des Autors: Der Schaumwein zeigt eine klare, schöne Farbe mit deutlicher Perlage und Nuancen von Zwiebelschalen.

Das Bouquet ist jung, fruchtig und mineralreich mit angenehmen Noten roter Beeren, Walderdbeeren und Vanille.

Der Geschmack ist trocken, leicht und elegant mit guter Säure und einer gewissen Fruchtigkeit, die dem Duft entspricht. Hier findet man Einschläge von Hefe, Mineralik und roten Beeren, die gemeinsam in einen fruchtigen, nuancierten Abgang münden.

Preis: ● ● ○ ○ ○
Ursprung: **AOC Franciacorta, Lombardei**
Erzeuger: **Guido Berlucchi**
Rebsorte: **Chardonnay 60 %, Pinot Nero 40 %**

Herstellung: Der Grundwein aus den blauen Trauben wird als Rosé hergestellt, die Schalen dürfen Farbe und Geschmack für einige Stunden abgeben. Nach Mischung und Abfüllung gärt der Wein ein zweites Mal in der Flasche und wird danach 24 Monate auf der Hefe gelagert. Bei der Degorgierung erhält er eine Dosage von 8 g Zucker pro Liter.

ZU WELCHER GELEGENHEIT GETRUNKEN: ....

....

EIGENE ANMERKUNGEN: ....

....

Berlucchi Cellarius 2010

Einschätzung des Autors: Der Schaumwein zeigt eine schöne, goldene Farbe mit einer schönen Perlage und Nuancen von Messing.

Das Bouquet ist entwickelt und angenehm intensiv mit einer feiner Hefenote verbunden mit süßfeuchtigem Einschlag von Aprikose, Honig und Vanille.

Der Geschmack ist trocken, mittelfüllig mit balancierter Säure. Ein deutlicher, vollmundiger Frucht mit Einschlag von Eichenfass mündet in einen angenehmen Abgang.

Ein guter, reifer Sekt.

> Preis: ●●●○○
> Ursprung: **AOC Franciacorta, Lombardei**
> Erzeuger: **Guido Berlucchi**
> Rebsorte: **Chardonnay 70 %, Pinot Nero 30 %**

Herstellung: Hier die Antwort von Berlucchi auf den Jahrgangschampagner: Ein kleiner Teil der Grundweine gärt in französischen Eichenfässern, um ihnen zusätzlich Komplexität zu verleihen. Nach Mischung und Abfüllung gärt der Wein ein zweites Mal in der Flasche und wird danach auf der Hefe 30 Monate gelagert. Bei der Degorgierung erhält er eine Dosage von 7 g Zucker pro Liter. Der Wein wird schließlich vor dem Verkauf weitere drei Monate gelagert.

Sonstiges: Natürlich sollte man alle Schaumweine von Berlucchi erleben, hier jedoch handelt es sich um ein Geschmackserlebnis auf ganz hohem Niveau.

ZU WELCHER GELEGENHEIT GETRUNKEN: ....

....

EIGENE ANMERKUNGEN: ....

....

Ca' del Bosco
Cuvée Prestige N.V.

Einschätzung des Autors: Der Schaumwein zeigt eine klare, schöne Farbe mit feiner Perlage und Nuancen von Stroh.

Das Bouquet ist jung, sehr brotig und frisch mit Einschlag von Zitrus und grünem Apfel.

Der Geschmack ist trocken, leicht und elegant mit deutlicher Säure, die zusammen mit Einschlag von Zitrus und Mineralik einen herrlich erfrischenden Abgang schenkt.

Preis: ●●●○○
Ursprung: **DOCG Franciacorta, Lombardei**
Erzeuger: **Ca' del Bosco**
Rebsorte: **Chardonnay 25%, Pinot Nero 15%, Pinot Bianco 15%**

Herstellung: Die Trauben werden auf fast 120 verschiedenen Rebflächen von Hand gelesen, um die Grundweine herzustellen. Diese werden sieben Monate in Stahltanks gelagert und dann mit etwa einem Drittel Reservewein gemischt. Nach der zweiten Gärung in der Flasche wird der Wein vor der Degorgierung weitere 25 Monate gelagert und erhält dann eine Dosage von 4 g Zucker pro Liter.

Sonstiges: Ca' del Bosco ist einer der Spitzenproduzenten im Anbaugebiet Franciacorta, einer der bekanntesten Anbauregionen für moussierende Weine. Man könnte sogar so weit gehen zu behaupten, dass es sich bei Franciacorta um die Antwort Italiens auf die Champagne in Frankreich handelt.

ZU WELCHER GELEGENHEIT GETRUNKEN: ....

....

EIGENE ANMERKUNGEN: ....

....

Conegliani Valdobbiadene Prosecco Superiore N.V.

Einschätzung des Autors: Der Prosecco zeigt eine klare, helle Farbe mit feiner Perlage und Nuancen von Messing.

Das Bouquet ist jung, frisch und angenehm mit deutlich parfümierten Noten grüner Äpfel und Zitrusblüten.

Der Geschmack ist trocken, fruchtig, apfelig und sehr vollmundig mit fein balancierter Säure, die dem Wein eine herrliche Länge und Finesse schenkt.

Einfach einer meiner Lieblings-Proseccos.

Preis: ●●○○○
Ursprung: **DOCG Conegliani Valdobbiadene Prosecco Superiore, Veneto**
Erzeuger: **Carpenè Malvolti**
Rebsorte: **Glera**

Herstellung: Ein klassischer Prosecco aus der Traube, die früher Prosecco hieß, jetzt aber Glera genannt wird. Der Wein wird nach der Champagner-Methode hergestellt und vor dem Abfüllen einige Monate auf der Hefe gelagert.

Sonstiges: Carpenè Malvolti gehört zu den angesehensten Produzenten von Prosecco, nicht nur wegen der hohen Qualität, sondern auch wegen seines Beitrags zur Forschung über Traubenanbau und Weinherstellung.

ZU WELCHER GELEGENHEIT GETRUNKEN: ....

....

EIGENE ANMERKUNGEN: ....

....

Contratto Blanc de Blancs Brut 2010

Einschätzung des Autors: Der Spumante zeigt eine klare, helle Farbe mit feiner Perlage und Nuancen von Messing.

Das Bouquet ist jung, frisch und sehr mineralreich mit feinen, brotigen Aromen und Einschlag von Zitrus.

Der Geschmack ist knochentrocken, frisch und sehr lecker mit herrlichen Noten von Zitrus, Mineralik und gelbem Apfel, die dem Wein zusammen mit einer deutlichen Säure einen schönen, langen Abgang schenken.

Ein richtig guter Spumante!

Preis: ● ● ● ○ ○
Ursprung: **Piemont, Metodo Classico – Vino Spumante di Qualità**
Erzeuger: **Contratto**
Rebsorte: **Chardonnay**

Herstellung: Die Trauben werden von Hand gelesen und vorsichtig gepresst. Dann gärt der Most in Edelstahltanks. Nach der Mischung der Grundweine gären diese ein zweites Mal in der Flasche und werden vor der Degorgierung auf ihrer Hefe für 24 Monate gelagert. Sie erhalten eine Dosage von 3 g Zucker pro Liter. Von diesem fantastischen Wein werden nur 12 000 Flaschen produziert.

Sonstiges: Das Weinhaus Contratto gehörte zu den ersten in Italien, die moussierende Weine nach der Champagner-Methode herstellten. Seit einigen Jahren befindet sich das Haus im Besitz des Weinunternehmens La Spinetta, das Finesse und Qualität der Weine deutlich prägt.

ZU WELCHER GELEGENHEIT GETRUNKEN: ....

....

EIGENE ANMERKUNGEN: ....

....

Contratto For England Rosé 2008

Einschätzung des Autors: Der Spumante zeigt eine schöne, rosa Farbe mit feiner Perlage und Nuancen von Kupfer.

Das Bouquet ist jung, frisch und sehr fruchtig mit deutlichem Einschlag von Mineralik, Beeren und Hefe.

Der Geschmack ist trocken, angenehm und mittelfüllig. Hier findet man eine elegante Säure verbunden mit feinen Einschlägen von Himbeeren, Mineralik und roten Johannisbeeren.

Der angenehme, appetitanregende Abgang verbleibt lange.

Dieser Spumante eignet sich hervorragend als Aperitif oder zu Jakobsmuscheln und anderen Schalentieren.

Preis: ●●●○○
Ursprung: **Piemont, Metodo Classico — Vino Spumante di Qualità**
Erzeuger: **Contratto**
Rebsorte: **Pinot Noir**

Herstellung: Die sorgsame Pressung und der kurzzeitige Schalenkontakt verleihen dem Wein seine elegante rosa Farbe. Nach der zweiten Gärung in der Flasche wird der Wein drei Jahre auf der Hefe gelagert. Er erhält keine Dosage, denn hier spielt die natürliche Fruchtigkeit die Hauptrolle.

Sonstiges: Der Wein erhielt seinen Namen in den 1930er-Jahren, als er für das englische Königshaus kreiert wurde. Zu dieser Zeit waren die meisten Weine mehr oder weniger süß. Die Engländer waren jedoch die ersten, die einen trockeneren Stil zu schätzen wussten, was der Anlass für die Kreation dieses wunderbaren Rosé-Spumantes war.

ZU WELCHER GELEGENHEIT GETRUNKEN: ....

....

EIGENE ANMERKUNGEN: ....

....

Contratto Millesimato Extra Brut 2010

Einschätzung des Autors: Der Spumante zeigt eine klare, helle Farbe mit deutlicher Perlage und Nuancen von Stroh.

Das Bouquet ist jung, brotig und frisch mit angenehmen, fruchtigen Noten roter Äpfel, Brioche, Mineralik und Stachelbeeren.

Der Geschmack ist trocken, füllig und elegant mit einer herrlichen Säure als klare Stütze für die wunderbare Fruchtigkeit mit Einschlägen von Stachelbeeren, Zitrus und gelben Äpfeln. Der Genuss endet in einem einwandfreien Abgang.

Ein wirklich guter Spumante mit einem hervorragenden Preis-Leistungs-Verhältnis!

Herstellung: Genau wie die beiden anderen Weine von Contratto wird dieser Spumante aus handgelesenen Trauben, der gleichen, sorgsamen Pressung und Mischung vor Abfüllung und zweiter Gärung hergestellt. Der Wein wird auf der Hefe vor der Degorgierung drei Jahre gelagert und erhält eine Dosage von 3 g Zucker pro Liter.

Preis: ● ● ● ○ ○
Ursprung: Piemont, Metodo Classico – Vino Spumante di Qualità
Erzeuger: Contratto
Rebsorte: Pinot Nero 80 %, Chardonnay 20 %

ZU WELCHER GELEGENHEIT GETRUNKEN: ....

....

EIGENE ANMERKUNGEN: ....

....

Ferrari Rosé N.V.

Einschätzung des Autors: Der Schaumwein zeigt eine schöne, rosa Farbe mit deutlicher Perlage und Nuancen von Zwiebelschalen.

Das Bouquet ist jung, fruchtig und sehr beerig mit Noten roter Beeren, Erdbeeren und Zeder.

Der Geschmack ist trocken, sehr fruchtig mit feiner Frische und vollmundig beerigem Einschlag von Erdbeeren und Walderdbeeren, die dem Wein zusammen mit einer guten Säure einen herrlichen Abgang schenken.

Preis: ●●○○○
Ursprung: DOC Trento, Trentino-Alto Adige
Erzeuger: Cantine Ferrari
Rebsorte: Pinot Nero 60 %, Chardonnay 40 %

Herstellung: Die Trauben für den Wein stammen von Steilhängen 300 m über dem Meeresspiegel. Nach der Ernte werden sie als Weißweine bis auf einen kleinen Teil Rotwein vinifiziert. Die zweite Gärung erfolgt in der Flasche. Danach lagert der Wein vor der Degorgierung 24 Monate auf der Hefe, bei der er eine Dosage von 7 g Zucker pro Liter erhält.

Sonstiges: Ferrari ist einer der prominentesten Produzenten moussierenden Weins im Norden Italiens mit der Ambition, eine wettbewerbsfähige Alternative zum Champagner zu bieten. Und das gelingt vortrefflich!

ZU WELCHER GELEGENHEIT GETRUNKEN:

EIGENE ANMERKUNGEN:

Hundred Fifty Six Anniversary Brut

Einschätzung des Autors: Der Spumante hat eine klare, helle Farbe mit grün schimmernden Nuancen und feiner Perlage.

Der Duft ist entwickelt, komplex und angenehm mit süßfruchtigem Einschlag von Pfirsich Vanille und einer Spur Eichenfass zusammen mit einer subtilen, mineralischen Note.

Preis: ●●○○○
Ursprung: **Piemont**
Erzeuger: **Fontanafredda**
Rebsorte: **Pinot Nero**

Der Geschmack ist trocken, füllig und vollmundig mit feiner Säure gemeinsam mit einer angenehmen Buttrigkeit, die in einem langen, feinen Abgang ausklingt.

Ein wunderbarer Schaumwein zu in Butter gebratenem Fisch.

Herstellung: Die Trauben stammen von eigenen Rebflächen mit einer Lage auf 300 Metern über dem Meeresspiegel. Daraus werden die Grundweine als Mischung der Jahrgänge 1998 und 1999 hergestellt. Nach der zweiten Gärung in der Flasche wird der Wein vor der Degorgierung auf der Hefe ganze 72 Monate gelagert.

Sonstiges: Der Spumante wurde 2014 herausgebracht und erhielt seinen Namen aufgrund der Tatsache, dass 156 Jahre seit Gründung des Weinguts Fontanafredda vergangen waren. Ansonsten ist Fontanafredda eher für seine straffen, trockenen Nebbiolo-Weine bekannt.

ZU WELCHER GELEGENHEIT GETRUNKEN: ....

....

EIGENE ANMERKUNGEN: ....

....

La Robina Valdobbiadene Prosecco Superiore 2014

Einschätzung des Autors: Der Prosecco zeigt eine klare, weiße Farbe mit schöner Perlage und grünschimmernden Nuancen.

Das Bouquet ist jung, frisch und fruchtig mit deutlichem Einschlag von Zitrus, Hyazinthe und Melone.

Der Geschmack ist trocken und fruchtig mit Finesse und balancierter Säure, die dem Wein gemeinsam mit den Apfelaromen einen schönen Abgang schenkt.

Preis: ● ● ○ ○ ○
Ursprung: **DOCG Valdobbiadene, Veneto**
Erzeuger: **Astoria**
Rebsorte: **Glera**

Herstellung: An den steilen Hängen der Hügel von Valdobbiadene werden die Trauben von Hand geerntet. Sie werden in Stahltanks vinifiziert und gären ein zweites Mal nach der Champagner-Methode. Vor Abfüllung erhält der Wein eine Dosage von 14 g Zucker pro Liter.

Sonstiges: Ein Glas Prosecco ist nie verkehrt! Besonders nicht, wenn er von den Hügeln stammt, die historischer Ursprung des Weins sind und von hoher Qualität ist. Das Charmante am Prosecco ist, dass er nicht versucht, etwas anderes zu sein als einfach … Prosecco. Fruchtig, frisch und gut!

ZU WELCHER GELEGENHEIT GETRUNKEN: ....

....

EIGENE ANMERKUNGEN: ....

....

Le Spinée

PROSECCO
EXTRA DRY

DOC TREVISO

Le Spinée Prosecco Extra Dry N.V.

Einschätzung des Autors: Der Prosecco zeigt eine helle Farbe mit einer eleganten Perlage und Nuancen von Stroh.

Das Bouquet ist jung mit ausgeprägten Aromen säuerlicher Äpfel, Blüten und Mineralik.

Der Geschmack ist trocken und frisch mit elegant fruchtigem Ton und angenehmem Einschlag bittersaurer Äpfel.

Zusammen mit der feinen Säure erzeugt die Fruchtigkeit einen langen, guten Abgang.

Preis: ●●○○○
Ursprung: **DOC Treviso, Veneto**
Erzeuger: **Azienda Agricola Durante**
Rebsorte: **Glera**

Herstellung: Die Trauben werden von Hand gelesen und sorgsam gepresst, um dann in Edelstahltanks zu gären. Nach der Mischung mit Reservewein aus früheren Jahren gärt der Wein ein zweites Mal, auch im Tank, aber unter Druck – ähnlich wie bei der Charmat-Methode –, um seine Perlage zu erhalten. Der Wein wird dann nach kurzer Lagerung abgefüllt.

Sonstiges: Azienda Agricola Durante ist ein vollständig ökologisch ausgerichteter Produzent mit Fokus auf Umwelt und Qualität. Der Prosecco gehört zu den absolut besten und ist ein Muss für alle Italien-Liebhaber!

ZU WELCHER GELEGENHEIT GETRUNKEN: ....

....

EIGENE ANMERKUNGEN: ....

....

Lungarotti Millesimato Brut 2010

Einschätzung des Autors: Der Spumante zeigt eine helle Farbe mit Intensität und grünschimmernden Nuancen.

Das Bouquet ist jung, vollmundig und fruchtig mit Einschlägen exotischer Früchte, Zitrus und nuancierter Mineralik.

Der Geschmack ist trocken, mittelfüllig und angenehm mit feiner Säure, komplexer Fruchtigkeit süßer Birnen, weißer Pfirsiche, Mineralik und Zitrus, die dem Wein gemeinsam mit einer feinen Säure eine herrliche Länge schenken.

Einfach ein toller Spumante!

Preis: ●●○○○
Ursprung: **VSQ Spumante**
Erzeuger: **Lungarotti**
Rebsorte: **Chardonnay**

Herstellung: Der Spumante wird nach dem Vorbild der Champagner-Methode hergestellt. Nach der zweiten Gärung wird der Wein vier Jahre auf der Hefe gelagert. Danach erfolgt die manuelle Remuage und Degorgierung, der Wein erhält eine Dosage von etwa 7 g Zucker pro Liter. Vor dem Verkauf wird er weitere drei Monate gelagert.

Sonstiges: Lungarotti ist einer der bekanntesten italienischen Erzeuger, dessen Weine allesamt ein sehr hohes Niveau halten. Millesimato Brut bildet hier mitnichten eine Ausnahme! Gut jetzt zu genießen oder ein paar Jahre im Keller lagern.

ZU WELCHER GELEGENHEIT GETRUNKEN: ....

....

EIGENE ANMERKUNGEN: ....

....

Mionetto Valdobbiadene Rive di Santo Stefano Brut 2014

Einschätzung des Autors: Der Schaumwein zeigt eine hellgelbe, schöne Farbe mit Nuancen vor Stroh, niedriger Intensität und subtiler Perlage.

Das Bouquet ist jung, zurückhaltend und fruchtig mit angenehmen Einschlägen von Mineralik, säuerlichem Apfel, Blüten und Parfum.

Der Geschmack ist trocken und straff mit nuancierter Frucht, deutlicher Säure und gut ausgewogener Fruchtigkeit roter Äpfel, Hefenote und Blüten, die gemeinsam im langen, feinen Abgang nachklingen.

Ein ausgezeichneter Schaumwein!

Preis: ●●○○○
Ursprung: **DOCG Valdobbiadene Superiore**
Erzeuger: **Mionetto**
Rebsorte: **Glera**

Herstellung: Die Trauben stammen ausschließlich aus Valdobbiadene und werden von Hand gelesen. Die Vinifizierung erfolgt komplett in Stahltanks und die zweite Gärung nach der Charmat-Metode, hier Metodo Martinotti genannt. Vor Abfüllung erhält der Wein eine Dosage von 8 g Zucker pro Liter.

Sonstiges: Der Wein erhielt seinen Namen von der Umgebungs des Ortes Valdobbiadene, Rive di Santo Stefano. Hier ist das Gelände sehr steil und die Arbeit erfolgt ausschließlich von Hand. Der Wein gehört zur exklusivsten Serie, die das Weinhaus Mionetto herstellt.

ZU WELCHER GELEGENHEIT GETRUNKEN: ....

....

EIGENE ANMERKUNGEN: ....

....

Palazzo Lana Satèn 2006

Einschätzung des Autors: Der Schaumwein hat eine klare, schöne Farbe mit goldenen Nuancen und deutlicher Perlage.

Das Bouquet ist entwickelt, fruchtig und angenehm mit feinen Reifearomen von Champignons, Brioche und rotem Apfel. Hier entdeckt man einen untergeordneten, angenehmen Mineralton mit perfekt ausgewogener Säure, die alle schönen Aromen in einen langen, herrlichen Abgang transportiert.

Keine Frage, die Italiener „können" Sekt!

Preis: ● ● ● ○ ○
Ursprung: **AOC Franciacorta, Lombarde**
Erzeuger: **Guido Berlucchi**
Rebsorte: **Chardonnay**

Herstellung: Die Grundweine werden ausschließlich aus selbst gewonnenem Most hergestellt. Nach der malolaktischen Gärung werden sie auf der Hefe sechs Monate in französischen Eichenfässern gelagert. Im Frühjahr nach der Lese werden die Grundweine gemischt und abgefüllt. Dann durchlaufen sie die zweite Gärung und werden vor der Degorgierung 72 Monate auf der Hefe gelagert. Der Wein erhält eine Dosage von 7 g Zucker pro Liter und wird danach vor dem Verkauf für ein weiteres halbes Jahr gelagert.

Sonstiges: Der Prestigesekt von Berlucchi wird nur in wirklich guten Jahren hergestellt. Das Geld ist bei einem Kauf gut investiert, da es einmalig ist, einen so reifen Schaumwein zu diesem Preis zu finden.

ZU WELCHER GELEGENHEIT GETRUNKEN: ....
....

EIGENE ANMERKUNGEN: ....
....

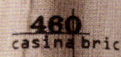

BRUT ROSÉ

GIANLUCA VIBERTI

PRÊT-À-PORTER

Prêt-à-Porter
Brut Rosé N.V.

Einschätzung des Autors: Der Schaumwein hat eine blasse, wunderbar altrosa Farbe.

Das Bouquet bietet junge, fruchtige, vollmundige Aromen mit deutlich beerigem Charakter und Einschlägen roter Frucht wie Himbeeren und Kirschen.

Der Geschmack ist trocken, säuerlich und fruchtig mit angenehmer Länge. Im Abgang zeigt sich eine geringe, dennoch einprägsame Tanninstruktur. Das führt dazu, dass der lange Abgang des Weins den Mund schließlich mit einem trockenen Gefühl und der Lust nach weiteren Schlucken verlässt.

Preis: ●●○○○
Ursprung: **Piemont**
Erzeuger: **460 Cascina bric**
Rebsorte: **Nebbiolo**

Herstellung: Der Wein wird nach der Champagner-Methode hergestellt und vor der Abfüllung acht bis zehn Monate auf der Hefe gelagert. Der Prêt-à-Porter ist das Ergebnis dreijähriger Versuche und führte zu einer kleinen, aber unfassbar guter Produktion von 24 000 Flaschen pro Jahr.

Sonstiges: Gianluca Viberti ist ein junger, dynamischer Weinproduzent, der vor vier Jahren zehn Hektar Fläche von seinem Vater erwarb. Die Rebflächen zwischen den Orten Barolo und La Morra gehören zu denen mit der höchsten Lage in ganz Barolo, die den Trauben lange Reife und somit auch eine superbe Säure schenkt.

ZU WELCHER GELEGENHEIT GETRUNKEN:

....

....

EIGENE ANMERKUNGEN:

....

....

Rotari Blanc de Blancs Extra Brut 2010

Einschätzung des Autors: Der Schaumwein zeigt eine klare, helle Farbe mit feiner Perlage und Nuancen von Messing.

Das Bouquet ist jung, frisch und brotig mit einem elegantem Einschlag von Zitrus und Mineralik.

Der Geschmack ist trocken, leicht und ausgeprägt mit einer angenehmen Säure, die eine fein ausgeprägte Fruchtigkeit trägt.

Hier gibt es herrliche Aromen grüner Äpfel, von Granatapfel und Mineralik, die in einem angenehmen Abgang ausklingen.

Preis: ●●○○○
Ursprung: **DOC Trento**
Erzeuger: **Mezzacorona**
Rebsorte: **Chardonnay**

Herstellung: Die Trauben werden an den steilen Rebflächen von Hand gelesen. Nur die besten Trauben werden verarbeitet. Der Most gärt in Stahltanks zu Grundweinen, die dann gemischt werden. Nach der zweiten Gärung in der Flasche wird der Wein vor der Degorgierung mindestens 36 Monate gelagert.

Sonstiges: Mezzacorona ist einer der größten und bekanntesten Erzeuger für moussierende Weine in Italien. Deshalb hat der Produzent umfassenden Zugang zu Trauben und kann so die allerbesten für Weine wie diesen wählen. Es besteht kein Zweifel, dass man hier weiß, wie ein hervorragender Schaumwein gemacht wird!

ZU WELCHER GELEGENHEIT GETRUNKEN: ....

....

EIGENE ANMERKUNGEN: ....

....

Albet i Noya
Cava 2012 N.V.

Einschätzung des Autors: Der Cava zeigt eine klare, helle Farbe mit feiner Perlage und Nuancen von Stroh.

Das Bouquet ist jung, frisch und ausgeprägt fruchtig mit einem Einschlag von Zitrus, Minerclik und Blüten.

Der Geschmack ist trocken, frisch und angenehm elegant mit vollmundigen mineralischen Aromen, Hefenoten und säuerlicher Frucht, die dem Wein gemeinsam mit einer feinen Säure einen herrlichen Abgang verleihen.

Ein ausgezeichneter Cava!

Preis: ●○○○○
Ursprung: **D.O. Cava**
Erzeuger: **Albet i Noya**
Rebsorte: **Macabeu, Parellada, Xarel-lo**

Herstellung: Die Trauben werden auf drei verschiedenen Rebflächen nach ökoogischen Kriterien angebaut und von Hand gelesen. Nach der Pressung gärt der Most in Edelstahltanks. Der Wein gärt zum zweiten Mal in der Flasche und wird 15 Monate auf der Hefe gelagert. Bei der Degorgierung erhält er eine Dosage von 6 g Zucker pro Liter.

Sonstiges: Albet i Noya gehört zu den Pionieren des ökologischen Traubenanbaus in Nordspanien. Mit mehr als 80 Hektar Rebflächen ist der Produzent auch einer der größten Erzeuger. Hier wird alles für die Umwelt getan, den Reben und Trauben soll es so gut wie nur möglich gehen.

ZU WELCHER GELEGENHEIT GETRUNKEN:

EIGENE ANMERKUNGEN:

Barza Cava Brut N.V.

Einschätzung des Autors: Der Cava zeigt
eine klare, helle Farbe mit feiner Perlage und
grünschimmernden Nuancen.

Preis: ● ○ ○ ○ ○
Ursprung: **D.O. Cava**
Erzeuger: **Cava Barza**
Rebsorte: **Macabeo, Xarel-lo, Parellada**

Das Bouquet ist jung, frisch und ausgeprägt fruchtig mit einem Einschlag von Birne
und Melone.

Der Geschmack ist trocken, frisch und
fruchtig mit gewisser Säure und eleganter
Fruchtigkeit mit einem Einschlag von Zitrus, Melone und Birne, die einen hervorragender Abgang bilden.

Herstellung: Die Trauben für den Wein stammen von den eigenen Rebflächen des
Weinhauses. Der Wein wird traditionell nach der Champagner-Methode hergestellt
und vor der Degorgierung 14 Monate auf der Hefe gelagert.

Sonstiges: Dieser Cava wurde als Huldigung an den Lebensstil in Barcelona kreiert.
Am besten genießt man ihn an einem Sommerabend und trinkt ihn gut gekühlt in
Gesellschaft guter Freunde. Natürlich passt dieser Sekt auch hervorragend zum
Pincho, einer kleinen Mahlzeit, an einem freien Nachmittag.

ZU WELCHER GELEGENHEIT GETRUNKEN: ....

....

EIGENE ANMERKUNGEN: ....

....

Castillo Perelada
Brut Reserva Cava N.V.

Einschätzung des Autors: Der Cava zeigt eine klare, helle Farbe mit feiner, ausgeprägter Perlage und Nuancen von Messing.

Das Bouquet ist jung, intensiv und mittelfüllig mit Noten von Mineralik und Petroleum und einer gewissen Blumigkeit.

Der Geschmack ist trocken, leicht und frisch mit ausgeglichener Säure, ausreichend Fruchtigkeit mit Einschlägen säuerlicher Früchte, die einen ausgeprägten Abgang schenken.

Preis: ● ○ ○ ○ ○
Ursprung: **D.O. Cava**
Erzeuger: **Castillo de Perelada**
Rebsorte: **Macabeo 40 %, Parellada 30 %, Xarel-lo 30 %**

Herstellung: Der Wein wird traditionell mit einer zweiten Gärung in der Flasche hergestellt. Danach wird er vor der Degorgierung für 15 Monate auf der Hefe gelagert und erhält eine Dosage von etwa 8 g Zucker pro Liter.

Sonstiges: Castillo de Perelada ist Teil des Konzerns Perelada, der viele verschiedene Weine von hoher und mittlerer Qualität produziert. Dieser Cava ist eine ausgezeichnete Alternative, wenn man Schaumwein genießen, aber auch auf das Budget achten will.

ZU WELCHER GELEGENHEIT GETRUNKEN: ....

....

EIGENE ANMERKUNGEN: ....

....

Gramona III Lustros Brut Nature Gran Reserva 2006

Einschätzung des Autors: Der Cava zeigt eine klare, goldene Farbe mit feiner Perlage und Nuancen von Messing.

Das Bouquet ist entwickelt, angenehm und komplex mit einem Einschlag von Brioche, Pilzen, ausgeprägter Nussigkeit und roten Äpfeln.

Der Geschmack ist trocken, füllig und vollmundig mit deutlicher Säure, die mit angenehm reifen, fruchtigen Aromen verbunden ist. Mineralik, Birne, Pfirsich, Zitrus und vieles andere Aromen erzeugen gemeinsam mit der gut strukturierten Säure einen herrlich langen, trockenen und feinen Abgang.

Sehr gut! Cava in Bestform!

Preis: ●●●○○
Ursprung: **D.O. Cava**
Erzeuger: **Cava Gramona**
Rebsorte: **Xarel-lo 75 %, Macabeo 25 %**

Herstellung: Die Trauben werden auf einer vier Hektar großen Rebfläche mit Xarel-lo und einer ein Hektar großen Fläche mit Macabeo von Hand gelesen. Nach der sorgsamen Pressung und Gärung der Grundweine in Stahltanks werden sie gemischt und abgefüllt. Nach Abschluss der zweiten Gärung in der Flasche wird der Wein 72 Monate gelagert, bevor Remouage und Degorgierung von Hand erfolgen.

Sonstiges: Gramona gehört zu Spaniens klassischen Cava-Produzenten. Seit über 130 Jahren ist das Haus Synonym für Tradition und hohe Qualität. Gramona, das heute in fünfter Winzergeneration betrieben wird, unterscheidet sich bei Weitem von den eher kommerziellen Cava-Produzenten, die man häufig im Handel findet.

ZU WELCHER GELEGENHEIT GETRUNKEN: ....

....

EIGENE ANMERKUNGEN: ....

....

Gramona Imperial Brut Gran Reserva 2008

Einschätzung des Autors: Der Cava hat eine schöne, weiße Farbe mit strohgelben Nuancen und deutlicher Perlage.

Das Bouquet ist jung, frisch und aromatisch mit deutlichem Einschlag grüner Äpfel, Mineralik, Zitrus und nuancierter Hefenote.

Der Geschmack ist trocken, leicht und elegant mit deutlicher Säure und ausgeprägt fruchtigem Einschlag von Äpfeln, Blüten und Zitrus, die in einem langen, feinen Abgang ausklingen.

Preis: ● ● ○ ○ ○
Ursprung: **D.O. Cava**
Erzeuger: **Cava Gramona**
Rebsorte: **Macabeo 50 %**, **Parellada 40 %**, **Chardonnay 10 %**

Herstellung: Die verschiedenen Rebsorten werden separat in Stahltanks vinifiziert und dann zu einer Cuvée gemischt. Nach Abfüllung erfolgt die zweite Gärung in der Flasche. Danach wird der Wein vor der Degorgierung mindestens drei Jahre auf der Hefe gelagert. Die Dosage variiert von 8 bis 10 g Zucker pro Liter und stammt von einem über hundert Jahre alten Solera-System.

Sonstiges: Gramona gehört zu Spaniens klassischen Cava-Produzenten. Seit über 130 Jahren ist das Haus Synonym für Tradition und hohe Qualität. Gramona, das heute in fünfter Winzergeneration betrieben wird, unterscheidet sich bei Weitem von den eher kommerziellen Cava-Produzenten, die man häufig im Handel findet.

ZU WELCHER GELEGENHEIT GETRUNKEN: ....

....

EIGENE ANMERKUNGEN: ....

....

La Vida al Camp
Brut Nature 2012

Einschätzung des Autors: Der Cava zeigt eine klare, helle Farbe mit deutlicher Perlage und Nuancen von Messing.

Das Bouquet ist entwickelt, angenehm und komplex mit ausgeprägtem Einschlag gelber Äpfel, Nüssen und Brioche mit einer subtilen Minera iknuance.

Der Geschmack ist trocken, perfekt füllig und frisch mit feinen Einschlägen säuerlicher Frucht und Mineralik, die dem Wein gemeinsam mit straffer Säure einen langen, angenehmen Abgang verleihen.

Preis: ●●○○○
Ursprung: **D.O. Cava**
Erzeuger: **Raventos i Blanc**
Rebsorte: **Macabeo 45 %, Xarel-lo, 45 %, Parellada 10 %**

Herstellung: Die verschiedenen Rebsorten werden separat gelesen, gepresst und vinifiziert. Nach Mischung und Abfüllung der Cuvée gärt der Wein ein zweites Mal und wird 15 Monate auf der Hefe gelagert. Neugierige finden das Degorgierungsdatum auf der Rückseite der Flasche.

Sonstiges: Der Name des Cavas bedeutet „Landleben" und ist eine Huldigung an den ökologischen Anbau. Bei Raventos i Blanc werden im Weinberg Pferde statt Traktoren eingesetzt, Vögel ersetzen Pflanzenschutzmittel und Handwerk findet anstelle von Industrie Anwendung. Das macht den La Vida al Camp zu einem Cava für bewusste Konsumenten.

ZU WELCHER GELEGENHEIT GETRUNKEN: ....

....

EIGENE ANMERKUNGEN: ....

....

Marrugat + Natura N.V.

Einschätzung des Autors: Der Cava zeigt eine klare, schöne, helle Farbe mit feiner Perlage und Nuancen von Stroh.

Das Bouquet ist jung und frisch mit deutlichem Einschlag von Mineralik, Birne und Blüten.

Der Geschmack ist trocken, säuerlich und frisch mit feiner Säure, verbunden mit angenehm subtiler Frucht, Mineralik und Hefenote. Zusammen schenkt das dem Wein einen herrlich langen, fülligen Abgang.

Ein wunderbarer Cava!

> Preis: ●●○○○
> Ursprung: **D.O. Cava**
> Erzeuger: **Bodegas Pinord**
> Rebsorte: **Macabeu, Parellada, Xarel-lo**

Herstellung: Die ökologisch angebauten Trauben werden von Hand gelesen und in Stahltanks vinifiziert. Nach Abfüllung und einer zweiten Gärung wird der Wein vor der Degorgierung 15 Monate auf der Hefe gelagert und erhält eine Dosage von ca. 6 g Zucker pro Liter.

Sonstiges: Bodegas Pinord blickt auf über hundert Jahre Erfahrung bei der Weinherstellung in der Region Penedès zurück. Der Cava wird unter dem Namen Marrugat lanciert, einem alten Namen der Familie. So ehrt Bodegas Pinord die Aufbauarbeit der Ahnen mit all dem Wissen, das heute fantastische Schaumweine hervorbringt.

ZU WELCHER GELEGENHEIT GETRUNKEN: ....

....

EIGENE ANMERKUNGEN: ....

....

Segura Viudas Brut Reserva Heredad N.V.

Einschätzung des Autors: Der Cava zeigt eine klare, helle Farbe mit schöner Perlage und grünschimmernden Nuancen.

Das Bouquet ist entwickelt, sehr frisch und elegant mit Einschlägen säuerlicher Frucht, von Zitrus, Blüten und Mineralik.

Der Geschmack ist trocken, leicht und angenehm mit einer deutlichen, feinen Säure, die weiche Fruchtaromen gelber Äpfel und Melonen im langen, feinen Abgang balanciert.

Kein Zweifel, dass es sich hier um einen guten Cava handelt!

Preis: ●●○○○
Ursprung: **D.O. Cava**
Erzeuger: **Segura Viudas**
Rebsorte: **Macabeo 67 %, Parellada 33 %**

Herstellung: Die Trauben für diesen herrlichen Wein werden von den ältesten Weinreben des Guts von Hand gelesen. Der Cava wird traditionell nach der Champagner-Methode hergestellt und vor der Degorgierung drei Jahre auf der Hefe gelagert.

Sonstiges: Der Name des Erzeugers leitet sich daraus ab, dass Teile des Weinguts aus einem Wachtturm aus dem 12. Jahrhundert bestehen. Ziel ist es, einen möglichst guten Cava zu produzieren und zu den führenden Herstellern Spaniens zu gehören. Und das funktioniert ausgezeichnet.

ZU WELCHER GELEGENHEIT GETRUNKEN: ....

....

EIGENE ANMERKUNGEN: ....

....

Balfour 1503
Classic Cuvée N.V.

Einschätzung des Autors: Der Schaumwein zeigt eine strohgelbe, helle Farbe mit Nuancen von Messing und eine deutliche Perlage.

Das Bouquet ist jung, sehr brotig und frisch mit feinem Einschlag süßsäuerlicher Stachelbeeren, getrockneter Aprikosen und Mineralik.

Der Geschmack ist trocken, fruchtig und vollmundig mit angenehmer Frucht gelber Äpfel, getrockneter Aprikosen und Brioche. Hier ist eine feine Säure vorhanden, die dem Wein einen guten Abgang verleiht.

Es besteht kein Zweifel, dass ein klassischer Champagner als Vorbild diente.

Preis: ●●●○○
Ursprung: Quality Sparkling Wine, UK
Erzeuger: Hush Heath Winery
Rebsorte: Pinot Noir 64 %, Chardonnay 32 %, Pinot Meunier 4 %

Herstellung: Die Trauben werden auf eigenen Rebflächen von Hand gelesen, gepresst und nach der Klärung in Edelstahltanks vinifiziert. Die zweite Gärung erfolgt nach der Champagner-Methode in der Flasche. Danach wird der Wein mindestens 18 Monate auf der Hefe gelagert. Die Degorgierung erfolgt auf Bestellung, damit der Wein so frisch wie nur möglich ist. Er erhält eine Dosage von 12 g Zucker pro Liter.

Sonstiges: Hush Heath Winery ist einer der exklusivsten Produzenten Englands. Die englische Weinproduktion ist in den letzten Jahrzehnten regelrecht aufgeblüht. Weinliebhaber sollten das Land im Auge behalten.

ZU WELCHER GELEGENHEIT GETRUNKEN: ....

....

EIGENE ANMERKUNGEN: ....

....

Balfour 1503 Rosé N.V.

Einschätzung des Autors: Der Schaumwein zeigt eine lachsrosa, intensive Farbe und ausgeprägte Perlage.

Das Bouquet ist jung, komplex und fruchtig mit einem Einschlag von roten Beeren, Himbeeren und roten Johannisbeeren.

Der Geschmack ist trocken und beerig mit Vollmundigkeit und einem Einschlag von Johannisbeeren, Walderdbeeren und Mineralik. Die angenehme Säure schenkt dem Wein einen langen, feinen Abgang.

Preis: ●●●○○
Ursprung: Quality Sparkling Wine, UK
Erzeuger: Hush Heath Winery
Rebsorte: Pinot Noir 70 %, Chardonnay 26 %, Pinot Meunier 4 %

Herstellung: Die Trauben werden auf eigenen Rebflächen in Kent im Südosten Englands gelesen. Für diesen Wein wird ein höherer Anteil blauer Trauben verwendet, um ihm die feine Fruchtigkeit zu verleihen. Ein kleiner Teil der Weintrauben ist rot und schenkt der Cuvée ihre schöne, rosa Farbe. Der Wein gärt zum zweiten Mal in der Flasche und wird 15 Monate auf der Hefe gelagert. Bei der Degorgierung erhält er eine Dosage von 12 g Zucker pro Liter.

Sonstiges: Hush Heath Winery ist einer der exklusivsten Produzenten Englands. Die englische Weinproduktion ist in den letzten Jahrzehnten regelrecht aufgeblüht. Weinliebhaber sollten das Land im Auge behalten.

ZU WELCHER GELEGENHEIT GETRUNKEN: ....

....

EIGENE ANMERKUNGEN: ....

....

Balfour Brut Rosé 2011

Einschätzung des Autors: Der Schaumwein hat eine schöne lachsrosa Farbe mit deutlicher Perlage.

Das Bouquet ist jung, ausgeprägt und fruchtig mit Einschlag von roten Beeren, Zeder und Mineralik.

Der Geschmack ist trocken, fruchtig und sehr angenehm mit feinstimmigen Aromen von Erdbeeren und Walderdbeeren. Hier sind deutliche Säure und ein mineralischer Charakter vorhanden, die dem Wein einen langen, angenehmen Abgang verleihen.

Preis: ●●●○○
Ursprung: Quality Sparkling Wine, UK
Erzeuger: Hush Heath Winery
Rebsorte: Pinot Noir 46 %, Chardonnay 45 %, Pinot Meunier 9 %

Herstellung: Die Trauben werden von Hand gelesen und sorgsam gepresst, jede Rebsorte separat, um dann in Stahltanks zu gären. Nach sorgfältiger Mischung werden die Grundweine für die zweite Gärung abgefüllt und 36 Monate auf der Hefe gelagert. Bei der Degorgierung erhält der Wein eine Dosage von 8,5 g Zucker pro Liter.

Sonstiges: Hush Heath Winery ist einer der exklusivsten Produzenten Englands Die englische Weinproduktion ist in den letzten Jahrzehnten regelrecht aufgeblüht. Weinliebhaber sollten das Land im Auge behalten.

ZU WELCHER GELEGENHEIT GETRUNKEN: ....

....

EIGENE ANMERKUNGEN: ....

....

Dr. Deinhard/Von Winning Riesling Extra Brut N.V.

Einschätzung des Autors: Der Sekt hat eine klare, helle Farbe mit Nuancen von Stroh und deutlicher, aber feiner Perlage.

Das Bouquet ist jung, frisch und fruchtig mit ausgeprägtem Einschlag von Birne, grünen Äpfeln und Honig.

Der Wein hat einen trockenen, leicht fruchtigen Geschmack mit ausgeprägtem Einschlag säuerlicher Frucht, von Mineralik und Blüten, die gemeinsam mit straffer Säure einen langen, feinen Abgang erzeugen.

Preis: ●○○○○
Ursprung: **Deidesheim, Pfalz, Deutschland**
Erzeuger: **Dr. Deinhard**
Rebsorte: **Riesling**

Herstellung: Die Trauben stammen von einer Reihe verschiedener Reblagen in Deidesheim in der Pfalz. Die Reben wachsen unter anderem auf Kalk- und Lehmböden. Die Trauben werden von Hand gelesen, gepresst und gären in Stahltanks zu Grundweinen, um nach der Mischung zum zweiten Mal nach der Champagner-Methode zu gären.

Sonstiges: Bei diesem Sekt handelt es sich um eine Kooperation der beiden Weinproduzenten Dr. Deinhard und Von Winning. Letzterer steht für das Wissen und Deinhard für den bekannteren Namen.

ZU WELCHER GELEGENHEIT GETRUNKEN: ....

....

EIGENE ANMERKUNGEN: ....

....

Fürst von Metternich Riesling N.V.

Einschätzung des Autors: Der Sekt hat eine deutliche Perlage, eine klare, hellgelbe Farbe mit Nuancen von Messing.

Das Bouquet ist jung, frisch und fruchtig mit Einschlag von Zitrus, Holunderblüten und nuanciertem Sahnekaramell.

Der Geschmack ist fruchtig, vollmundig und halbtrocken mit deutlicher Fruchtigkeit, einer feinen Säure und Aromen von Melone, Honig und Sahnekaramell, gemeinsam mit Zitrus und gewissser Mineralik. Hier ist eine wunderbare Säure vorhanden, die die Süße des Weines ausgleicht und einen guten Abgang schafft.

Preis: ● ○ ○ ○ ○
Ursprung: **Sekt, Deutschland**
Erzeuger: **Fürst von Metternich**
Rebsorte: **Riesling**

Herstellung: Der Wein erhält seine Kohlensäure bei der zweiten Gärung im Stahltank nach der Charmat-Methode. Nach einiger Zeit Lagerung auf der Hefe erhält der Wein eine großzügige Dosage von 24 g Zucker pro Liter.

Sonstiges: Wegen seiner vollmundigen Fruchtigkeit und Süße passt dieser Sekt perfekt zu würzigen, asiatischen Gerichten. Auch zum Käse nach dem Menü ist er eine ausgezeichnete Wahl.

ZU WELCHER GELEGENHEIT GETRUNKEN: ....

....

EIGENE ANMERKUNGEN: ....

....

Kloster Eberbach
Riesling 2014

Einschätzung des Autors: Der Sekt hat eine ausgeprägte Perlage und eine goldgelbe, schöne Farbe mit Nuancen von Messing.

Das Bouquet ist jung, ausgeprägt, fruchtig und feinstimmig mit einem Einschlag von Melone, Birne, Hefe und Mineralik.

Der Geschmack ist trocken, mittelfüllig und angenehm mit feiner Fruchtsüße, die sich in Birne, Honig und Mineralik ausdrückt, die gemeinsam mit der Säure einen langen, trockenen und feinen Abgang schaffen.

Preis: ●●○○○
Ursprung: **Sekt, Deutschland**
Erzeuger: **Kloster Eberbach**
Rebsorte: **Riesling**

Herstellung: Die Rieslingtrauben werden auf vielen verschiedenen Rebflächen von Hand gelesen und danach auf dem großen Weingut sorgsam gepresst. Der Most gärt vor der Abfüllung unter Druck einen Monat im Stahltank.

Sonstiges: Kloster Eberbach ist mit über 200 Hektar Rebfläche das größte deutsche Staatsweingut. Hier werden viele verschiedene Weine mit unterschiedlichem Preis und variierender Qualität produziert. Der hier vorgestellte Tropfen gehört zu denen, die sich am besten mit „ein hervorragender Sekt für diesen Preis" umschreiben lassen.

ZU WELCHER GELEGENHEIT GETRUNKEN: ....

....

EIGENE ANMERKUNGEN: ....

....

Menger-Krug Rurale Brut Chardonnay 2012

Einschätzung des Autors: Der Sekt zeigt eine klare, goldene Farbe mit Nuancen von Messing und deutliche Perlage.

Das Bouquet ist jung, buttrig und aromatisch frisch mit angenehmen Nuancen von Birne, Holunder und Zitrus.

Der Geschmack ist trocken, füllig und sehr wohlbalanciert. Hier ist eine deutliche Säure vorhanden, die wunderbar auf die vollmundige Fruchtigkeit von Birne, Melone und Sahnekaramell trifft. Gemeinsam klingen sie im langen, schmackhaften Abgang nach.

Ein wirklich interessanter Sekt.

Preis: ● ● ● ○ ○
Ursprung: **Sekt, Deutschland**
Erzeuger: **Menger-Krug**
Rebsorte: **Chardonnay**

Herstellung: Der Wein wird nach der Méthode Rurale, auch Méthode Dioise Ancestrale, hergestellt. Dabei wird der Most abgefüllt und gärt in der Flasche. Da kein Platz für die Herstellung einer Cuvée vorhanden ist, erfolgt die Auswahl der Trauben besonders sorgfältig. Nach Abschluss der Gärung wird der Wein vor der Degorgierung neun Monate auf der Hefe gelagert und erhält dann eine geringe Dosage.

Sonstiges: Der erste Jahrgang dieses interessanten Weines wurde im Jahr 2007 produziert. Die Winzerin Marie Menger-Krug bezeichnet ihn als Natur in der Flasche, da er vom Most bis zum fertigen Wein in derselben Flasche verbleibt. Menger-Krug ist eine Winzerfamilie in vierter Generation und wahrt die Tradition.

ZU WELCHER GELEGENHEIT GETRUNKEN: ....

....

EIGENE ANMERKUNGEN: ....

....

Menger-Krug Rurale Brut Riesling 2011

Einschätzung des Autors: Der Sekt hat eine deutliche Perlage und eine schöne, hellgelbe Farbe mit Nuancen von Messing.

Das Bouquet ist jung, aromatisch und sortentypisch mit ausgeprägtem Einschlag von Petroleum, Aprikose, Mineralien und Zitrus.

Der Geschmack ist trocken, überaus fruchtig und ausgewogen mit einer feinen Säure, die die Aromen des Dufts aufnimmt und widerspiegelt.

Mit seinem langen, feinen Abgang handelt es sich um einen richtig guten Rieslingsekt zum Essen!

Preis: ● ● ● ○ ○
Ursprung: **Sekt, Deutschland**
Erzeuger: **Menger-Krug**
Rebsorte: **Riesling**

Herstellung: Der Wein wird nach der Méthode Rurale, auch Méthode Dioise Ancestrale genannt, hergestellt, bei der die Kohlensäure aus der ersten Gärung resultiert. Dabei wird der Most abgefüllt und gärt in der Flasche. Um den hohen Druck in der Flasche zu bewältigen, werden natürliche und gezüchtete Hefen verwendet. Nach Abschluss der Gärung wird der Wein vor der Degorgierung auf der Hefe neun Monate gelagert und erhält dann eine geringe Dosage.

Sonstiges: Der erste Jahrgang dieses interessanten Weines wurde im Jahr 2007 produziert. Die Winzerin Marie Menger-Krug bezeichnet ihn als Natur in der Flasche, da er vom Most bis zum fertigen Wein in derselben Flasche verbleibt. Menger-Krug ist eine Winzerfamilie in vierter Generation und wahrt die Tradition.

ZU WELCHER GELEGENHEIT GETRUNKEN: ....

....

EIGENE ANMERKUNGEN: ....

....

Stefan Winter
Riesling Brut 2013

Einschä-zung des Autors: Der Sekt zeigt eine klare, helle Farbe mit subtiler Perlage und grünsch mmernden Nuancen.

Das Bouquet ist jung, vollmundig und fruchtig mit einem Einschlag von Mineralik, Birne ur d Petroleum.

Der Geschmack ist halbtrocken, frisch und sor-entypisch mit feiner Fruchtigkeit reifer Birnen, Petroleum und ausgeprägt mineralischem Charakter, die gemeinsam einen feinen Abgang schaffen.

Der Sekt ist gut separat zu genießen, passt aber noch besser zu asiatischen Speiser.

Preis: ● ○ ○ ○ ○
Ursprung: **Pfalz, Deutschland**
Erzeuger: **Weingut Winter**
Rebsorte: **Riesling**

Herstellung: Die Trauben für den Wein stammen von eigenen Rebflächen. Sie werder vorsichtig gepresst, der Most gärt in Stahltanks zu Grundweinen. Nach Mischung und Abfüllung gärt der Wein nach der Champagner-Methode zum zweiten Mal in der Flasche und wird danach 12 Monate auf der Hefe gelagert. Bei der Degorgierung erhält er eine Dosage von 10 g Zucker pro Liter.

Sonstiges: Stefan Winter gründete sein Unternehmen im Jahr 2000 und arbeitet mit einer Gruppe dynamischer Winzer, die sich selbst „Rocky Riesling" nennt. Ihr Motto lautet „Message in a Bottle", d.h., der Ursprung des Weines muss so authentisch wie möglich sein.

ZU WELCHER GELEGENHEIT GETRUNKEN: ....

....

EIGENE ANMERKUNGEN: ....

....

Loimer Brut Rosé N.V. (Biodynamisch)

Einschätzung des Autors: Der Sekt hat eine feine Perlage, eine schöne, lachsrosa Farbe mit Nuancen von Zwiebelschale.

Das Bouquet ist jung, fruchtig und sehr beerig mit intensiven Aromen von Brombeeren, ausgeprägtem Eichenfass und etwas Würze.

Der Geschmack ist trocken, beerig und vollmundig mit einer herrlichen Fruchtsüße, die in Verbindung mit deutlicher Säure und Mineralik einen superben Abgang schafft.

Hier zeigt sich: Österreicher können hervorragenden Sekt machen!

Preis: ● ● ○ ○ ○
Ursprung: **Niederösterreich, Österreich**
Erzeuger: **Weingut Fred Loimer**
Rebsorte: **Zweigelt 64 %, Pinot Noir 36 %**

Herstellung: Die Trauben für den Wein werden nach der biodynamischen Methode angebaut und natürlich von Hand gelesen. Nach der vorsichtigen Pressung, bei der die Schalen eine schöne, rosa Farbe abgeben, gärt der Wein im Stahltank und wird dann gemischt und abgefüllt. Nach der zweiten Gärung wird der Wein vor der Degorgierung 18 Monate auf der Hefe gelagert und erhält eine Dosage von ca. 6 g Zucker pro Liter.

Sonstiges: Fred Loimer ist eines der führenden Weingüter in Österreich beim ökologischen und biodynamischen Anbau. Derzeit wird der moussierende Roséwein aus Trauben eines einzigen Jahrgangs produziert. Das wird jedoch nicht auf dem Etikett vermerkt, da man die Produktion künftig erweitern und Jahrgänge mithilfe von Grundweinen mischen möchte.

ZU WELCHER GELEGENHEIT GETRUNKEN: ....

....

EIGENE ANMERKUNGEN: ....

....

Topf Brut Rosé 2014

Einschätzung des Autors: Der Sekt zeigt eine blasse, lachsrosa Farbe mit subtiler Perlage.

Das Bouquet ist jung, fruchtig und beerig mit einem Einschlag von Blaubeere, Himbeere und Zeder.

Der Geschmack ist trocken, frisch und angenehm ausbalanciert. Rote Beeren, Mineralik und Säure verbinden sich zu einem sehr guten, langen Abgang.

Preis: ● ● ○ ○ ○
Ursprung: **Sekt, Österreich**
Erzeuger: **Johann Topf**
Rebsorte: **Zweigelt**

Herstellung: Die Zweigelttrauben werden von Hand gelesen, zerkleinert und gären mit Schalenkontakt, um dann gepresst zu werden. Danach werden die Grundweine gemischt und gären ein zweites Mal in Stahltanks nach der Charmat-Methode. Der Wein erhält vor Abfüllung eine Dosage von 5 g Zucker pro Liter.

Sonstiges: Die Reben wachsen auf Löss- und Kalkböden, die den Trauben einen feinen, mineralischen Charakter verleihen. Das Weingut Topf ist vor allem für seine trockenen, stillen Weine bekannt. Die moussierenden Weine halten jedoch problemlos mit der hervorragenden Qualität mit.

ZU WELCHER GELEGENHEIT GETRUNKEN: ....

....

EIGENE ANMERKUNGEN: ....

....

Bernard-Massard Cuvée de L'Écusson Brut N.V.

Einschätzung des Autors: Der Sekt zeigt eine klare, schöne Farbe mit feiner Perlage und strohgelben Nuancen.

Der Duft ist jung, nuanciert und elegant mit schmackhaften Noten von Mineralik, Mandelblüten und einer gewisser Hefenote.

Der Geschmack ist trocken, frisch und balanciert mit feiner Säure, die harmonisch auf die nuancierte Fruchtigkeit trifft und einen sehr angenehmen Abgang erzeugt.

Preis: ●●○○○
Ursprung: Vin Mousseux de Qualité, Luxemburg
Erzeuger: Bernard-Massard
Rebsorte: Pinot Blanc, Riesling, Pinot Noir, Chardonnay

Herstellung: Der Sekt wird nach der traditionellen Champagner-Methode hergestellt. Nach der zweiten Gärung in der Flasche wird der Wein vor der Degorgierung mindestens zwei Jahre auf der Hefe gelagert.

Sonstiges: Der Weingut Bernard-Massard wurde 1921 gegründet und produziert seither erfolgreich moussierende Weine aus luxemburgischen Anbau. Die Cuvée de L'Écusson wurde zur Erinnerung an das fünfzigjährige Firmenjubiläum kreiert.

ZU WELCHER GELEGENHEIT GETRUNKEN: ....

....

EIGENE ANMERKUNGEN: ....

....

Cuvée Victor Hugo
Riesling Brut N.V.

Einschätzung des Autors: Der Sekt hat eine klare, weiße Farbe mit grün schimmernden Nuancen und ausgeprägter Perlage.

Das Bouquet ist jung, aromatisch und sortentypisch mit einem Einschlag von Mineralik, Zitrus und Petroleum.

Der Geschmack ist trocken, fruchtig und sehr wohlbalanciert. Hier ist ein angenehmer, mineralischer Ton mit Birne, Petroleum und Melone verbunden und schenkt zusammen mit einer superben Säure einen herrlichen, langen Abgang.

Preis: ● ● ○ ○ ○
Ursprung: **AOP Moselle, Luxemburg**
Erzeuger: **Domaine Thill**
Rebsorte: **Riesling**

Herstellung: Die Trauben werden von Hand gelesen und gepresst. Die zweite Gärung erfolgt nach traditioneller Methode in der Flasche. Nach einigen Jahren Lagerung wird der Wein degorgiert und erhält eine moderate Dosage.

Sonstiges: Ein sehr schöner Rieslingsekt vom Château de Schengen. Der Name Domaine Thill stammt von der Familie, in deren Besitz sich die Domäne früher befand. Heute wird das Weingut von Bernard-Massard verwaltet, dessen Önologen auch für die Weinproduktion verantwortlich sind.

ZU WELCHER GELEGENHEIT GETRUNKEN: ....

....

EIGENE ANMERKUNGEN: ....

....

Mauler Tradition
Rosé Brut N.V.

Einschätzung des Autors: Der Sekt hat eine feine Perlage, eine schöne, altrosa Farbe und Nuancen von Messing.

Das Bouquet ist entwickelt, aromatisch und fruchtig mit Noten roter Beeren, Erdbeeren und gelber Pflaumen.

Der Geschmack ist trocken, fruchtig und vollmundig mit schmackhaften, beerigen Aromen roter Früchte, die zusammen mit einer Spur Mineralik und ausgeprägter Säure einen herrlichen Abgang bilden.

Preis: ●●○○○
Ursprung: Grand Vin Mousseux, Schweiz
Erzeuger: Mauler & Cie
Rebsorte: Pinot Noir 50 %, Cabernet Sauvignon 40 %, Chardonnay 10 %

Herstellung: Die Trauben werden von Hand gelesen und gepresst. Der Most gärt dann zu Grundweinen, von denen ein kleiner Teil als Rotwein vinifiziert wird. Nach Mischung und Abfüllung der Grundweine gärt der Wein ein zweites Mal in der Flasche und wird dann auf der Hefe vor der Degorgierung zwei Jahre gelagert.

Sonstiges: Das Weinhaus Mauler wurde 1829 mit der Vision gegründet, eine über tausendjährige Tradition der Weinherstellung zu bewahren. Das Gut liegt in Neuchâtel und ist für Rundgänge und Weinproben immer einen Besuch wert.

ZU WELCHER GELEGENHEIT GETRUNKEN: ....

....

EIGENE ANMERKUNGEN: ....

....

Moldova de Lux N.V.

Einschätzung des Autors: Der Schaumwein zeigt eine helle Farbe mit Nuancen von Messing und feine Perlage.

Das Bouquet ist entwickelt und fruchtig mit Einschlägen von Aprikose, ausgeprägter Trockenfrucht, Zitrus und Honig.

Der Geschmack ist trocken, ausgewogen und leicht mit feiner Säure in Verbindung mit deutlicher Frucht und gewisser Mineralik. Hier ist eine angenehme, unbekümmerte Fruchtigkeit vorhanden, die dem Wein zusammen mit der Säure einen schönen Abgang schenkt.

Preis: ● ○ ○ ○ ○
Ursprung: **Moldawien**
Erzeuger: **Milestii Mici**
Rebsorte: **Aligoté**

Herstellung: Die Trauben werden auf Rebflächen im Süden Moldawiens gelesen und nach westlichem Vorbild verarbeitet, bei diesem Produkt nach der Méthode Charmat.

Sonstiges: In Moldawien blickt man auf eine lange Winzertradition zurück, obwohl das Land international in Bezug auf Weinbau eher unbekannt ist. Ein großer Teil des Verkaufs hängt vom Tourismus ab und man bezeichnet sich als „Land der offenen Türen", in dem alle willkommen sind.

ZU WELCHER GELEGENHEIT GETRUNKEN: ....

....

EIGENE ANMERKUNGEN: ....

....

Akarua Brut N.V.

Einschätzung des Autors: Der Schaumwein zeigt eine helle, feine Farbe mit ausgeprägter Perlage und Nuancen von Stroh.

Das Bouquet ist jung, frisch und fruchtig mit deutlichem Einschlag roter Äpfel und Brioche sowie einer subtilen Nuance Eichenfass und Vanille.

Der Geschmack ist trocken, leicht und frisch mit fein ausgeprägter Mineralik und roter Frucht, die gemeinsam mit einer ausgezeichnet balancierten Säure in einen langen, herrlichen Abgang münden.

Neuseeland muss eindeutig zu den Schaumweinländern gezählt werden.

Preis: ●●○○○
Ursprung: **Central Otago, Neuseeland**
Erzeuger: **Akarua Winery**
Rebsorte: **Chardonnay 56 %, Pinot Noir 44 %**

Herstellung: Die Traubenbündel werden als Ganzes sorgsam gepresst. Der Most gärt danach in temperaturkontrollierten Stahltanks. Die Grundweine werden mit 15 % Reservewein gemischt, der in alten, französischen Eichenfässern gelagert wird, was dem Wein seine Rundheit verleiht. Die zweite Gärung, erfolgt in der Flasche. Der Wein ruht auf der Hefe in der Flasche mindestens 18 Monate.

Sonstiges: Traditionell wurden große Teile der Produktion lokal konsumiert. Durch den wachsenden internationalen Austausch sind diese fantastischen Schaumweine aber ins Blickfeld vieler Länder weltweit gerückt, was auch zu einem Anstieg des Weintourismus führte.

ZU WELCHER GELEGENHEIT GETRUNKEN: ....

....

EIGENE ANMERKUNGEN: ....

....

Gardo & Morris Brut N.V.

Einschätzung des Autors: Der Schaumwein hat eine schöne, hellgelbe Farbe mit subtiler Intensität und deutlicher Perlage.

Das Bouquet ist jung, intensiv und frisch mit einem Einschlag von französischer Eiche, Zeder, Rosinen und Brombeeren.

Der Geschmack ist trocken, mittelfüllig und ausgewogen mit feiner Fruchtigkeit, einem Einschlag von Eiche, Brioche und Mineralien, die gemeinsam in einem herrlichen Abgang ausklingen.

Ein richtig guter Schaumwein für diesen Preis!

> Preis: ● ○ ○ ○ ○
> Ursprung: **Marlborough, Neuseeland**
> Erzeuger: **Gardo & Morris**
> Rebsorte: Chardonnay, Pinot Noir

Herstellung: Der Wein besteht hauptsächlich aus Chardonnay, der ihm Frische verleiht, und einem kleineren Anteil Pinot Noir, der Fruchtigkeit beisteuert. Er wird nach traditioneller Methode mit der zweiten Gärung in der Flasche hergestellt und auf der Hefe 18 Monate vor der Degorgierung gelagert, bei der er etwa 9 g Zucker pro Liter als Dosage erhält.

Sonstiges: Gardo & Morris befindet sich in Besitz und Betrieb von Frida Gårdö und Ben Morris; somit ist dieses Unternehmen gleichermaßen schwedisch wie neuseeländisch. Das Haus startete 2006 mit der Ambition, richtig gute Weine von ausgewählten Rebflächen zu produzieren. Und das ist tatsächlich geglückt.

ZU WELCHER GELEGENHEIT GETRUNKEN: ....

....

EIGENE ANMERKUNGEN: ....

....

Gardo & Morris
Brut Rosé N.V.

Einschätzung des Autors: Der Schaumwein hat eine schöne lachsrosa Farbe mit einer deutlichen Perlage.

Das Bouquet ist jung, vollmundig und fruchtig mit einem ausgeprägten Einschlag von roten Beeren, Himbeeren, Erdbeeren und nuancierter Hefenote.

Der Geschmack ist trocken, fruchtig und vollmundig mit vielen Beerenaromen. Hier findet man auch eine ausgewogene Säure, die alle roten Früchte im trockenen, angenehmen Abgang begleitet.

Preis: ● ● ○ ○ ○
Ursprung: **Marlborough, Neuseeland**
Erzeuger: **Gardo & Morris**
Rebsorte: **Chardonnay, Pinot Noir**

Herstellung: Nach der ersten Gärung wird ein Teil der Grundweine in alten, französischen Eichenfässern gelagert, in denen sie auch die malolaktische Gärung durchlaufen. Nach sorgfältiger Mischung der Grundweine werden sie für die zweite Gärung abgefüllt. Danach wird der Wein auf der Hefe für 48 Monate vor der Degorgierung gelagert, bei der eine Dosage von 9 g Zucker pro Liter hinzugefügt wird.

Sonstiges: Gardo & Morris befindet sich in Besitz und Betrieb von Frida Gårdö und Ben Morris; somit ist dieses Unternehmen gleichermaßen schwedisch wie neuseeländisch. Das Haus startete 2006 mit der Ambition, richtig gute Weine von ausgewählten Rebflächen zu produzieren. Und das ist tatsächlich geglückt.

ZU WELCHER GELEGENHEIT GETRUNKEN: ....

....

EIGENE ANMERKUNGEN: ....

....

Gardo & Morris Sparkling Sauvignon Blanc 2014

Einschätzung des Autors: Der Schaumwein hat eine deutliche Perlage und eine klare, sehr helle Farbe mit Nuancen von Stroh.

Das Bouquet ist jung, intensiv und fruchtig mit deutlichen Noten grüner Äpfel (Granny Smith), Spargel, Gras und Brennnessel.

Der Geschmack ist trocken, aromatisch und frisch mit angenehmer Frucht, entsprechend dem Duft. Ein angenehmer Holunderton in Verbindung mit Brennnessel, Mineralik und grünem Gras erzeugt gemeinsam mit einer deutlichen Säure einen langen, herrlichen Abgang.

Preis: ● ○ ○ ○ ○
Ursprung: **Marlborough, Neuseeland**
Erzeuger: **Gardo & Morris**
Rebsorte: **Sauvignon Blanc**

Herstellung: Die Trauben für den Wein stammen von zwei verschiedenen Rebflächen im Warau Valley in Otago. Eine langsame Gärung (jede Rebfläche separat) in Stahltanks lässt die Trauben ihren feinen Fruchtcharakter behalten. Danach werden die Grundweine gemischt und die zweite Gärung erfolgt vor der Abfüllung ebenfalls im Stahltank. Der Wein enthält weniger als 3 g Zucker pro Liter, um ihm so viel Frische wie möglich zu verleihen.

Sonstiges: Gardo & Morris befindet sich in Besitz und Betrieb von Frida Gårdö und Ben Morris; somit ist dieses Unternehmen gleichermaßen schwedisch wie neuseeländisch. Das Haus startete 2006 mit der Ambition, richtig gute Weine von ausgewählten Rebflächen zu produzieren. Und das ist tatsächlich geglückt.

ZU WELCHER GELEGENHEIT GETRUNKEN: ....

....

EIGENE ANMERKUNGEN: ....

....

Lindauer Brut Cuvée N.V.

Einschätzung des Autors: Der Schaumwein zeigt eine helle, klare Farbe mit feiner Perlage und Nuancen von Stroh.

Das Bouquet ist jung, frisch und etwas fruchtig mit deutlichem Einschlag tropischer Frucht, Zitrus und etwas Hefe.

Der Geschmack ist trocken und fruchtig mit gut ausgewogener Säure, vollmundiger Fruchtigkeit gelber Äpfel und Melone, die im feinen Abgang verbleiben.

Preis: ● ○ ○ ○ ○
Ursprung: Gisbourne Hawkes Bay, Neuseeland
Erzeuger: Lindauer
Rebsorte: Chardonnay 52 %, Pinot Noir 48 %

Herstellung: Der Wein wird nach der Charmat-Methode hergestellt, sämtliche Gärungsschritte erfolgen in Stahltanks. Damit der Wein immer gleich erlebt wird, werden verschiedene Jahrgänge gemischt. Der Wein wird vor der Abfüllung einige Monate auf der Hefe gelagert und erhält eine Dosage von 11,5 g Zucker pro Liter. Der Winemaker ist Wayne Falkenberg.

Sonstiges: Zweifelsohne ein Massenprodukt, aber ein richtig gutes! Lindauer versteht die Kunst, hohe Produktion mit guter Qualität zu verbinden, was höchst bewundernswert ist.

ZU WELCHER GELEGENHEIT GETRUNKEN: ....

....

EIGENE ANMERKUNGEN: ....

....

Man O'War
Tuulia 2012

Einschätzung des Autors: Der Schaumwein zeigt eine klare, schöne Farbe mit feiner Perlage und Nuancen von Messing.

Das Bouquet ist jung, fruchtig und ausgeprägt würzig mit einem Einschlag von Lorbeerblättern und weißem Pfeffer zusammen mit Aromen reifer Birnen, Honig, Bienenwachs und Zitrus.

Der Geschmack ist trocken, füllig und angenehm mit feiner Säure in Verbindung mit vollmundigen Fruchtaromen. Hier sind Honig, Melone, Aprikose und Birne vorhanden, die dem Wein einen langen, angenehmen Abgang verleihen.

Ein richtig guter Schaumwein zum Essen!

> Preis: ● ● ● ○ ○
> Ursprung: **Waiheke Island, Neuseeland**
> Erzeuger: **Man O'War**
> Rebsorte: **Chardonnay**

Herstellung: Der Wein wird aus Trauben der ältesten Rebstöcke des Weinhauses hergestellt. Tuulia wird nach der traditionellen Champagner-Methode produziert und lagert nach der zweiten Gärung vor der Degorgierung sieben Monate. Dann erhält er eine Dosage von 8 g Zucker pro Liter.

Sonstiges: Das Weinhaus Man O'War liegt außerhalb von Auckland auf der Nordinsel Neuseelands. Steile Hänge, milde Winde und großzügiger Sonnenschein machen die Lage perfekt zum Anbau von Trauben in Spitzenqualität, was man bei diesem Produkt definitiv nachvollziehen kann.

ZU WELCHER GELEGENHEIT GETRUNKEN: ....

....

EIGENE ANMERKUNGEN: ....

....

Sileni Sparkling Sauvignon Blanc N.V.

Einschätzung des Autors: Der Schaumwein hat eine klare, hellgelbe Farbe mit Nuancen von Stroh.

Das Bouquet ist jung, fruchtig und sehr frisch mit sortentypischen Aromen von Holunder, Stachelbeere und Gras.

Der Geschmack ist trocken, fruchtig und aromatisch mit einem angenehmen, hintergründigen Aprikosenton und perfekt integrierter Säure, die einen schönen Abgang aus Holunder und Stachelbeeren erzeugen.

Richtig gut!

Preis: ●●○○○
Ursprung: **Neuseeland**
Erzeuger: **Sileni Estate**
Rebsorte: **Sauvingon Blanc**

Herstellung: Die Trauben stammen von eigenen Rebflächen des Produzenten. Die Vinifizierung erfolgt komplett in Stahltanks. Nach Mischung der Grundweine gärt der Wein zum zweiten Mal im Stahltank und wird dann unter Druck nach der Charmat-Methode abgefüllt. Der Wein hat 8 g Zucker pro Liter in der Restsüße.

Sonstiges: Sileni Estate führt die Entwicklung neuseeländischer Schaumweine kontinuierlich an. Dieser Schaumwein hat einen neuen, genialen Kunststoffkorken, der wiederverschließbar ist, wenn noch ein Rest in der Flasche bleibt. Ich hoffe, die Weinwelt übernimmt diesen Geniestreich.

ZU WELCHER GELEGENHEIT GETRUNKEN: ....

....

EIGENE ANMERKUNGEN: ....

....

Boschendal Brut Chardonnay/Pinot Noir N.V.

Einschätzung des Autors: Der Schaumwein hat eine helle, weiße Farbe mit strohgelben Nuancen und schöner Perlage.

Das Bouquet ist jung, brotig und fruchtig mit mineralischen Noten und Aromen von Birne, exotischen Früchten und Ananas.

Der Geschmack ist trocken, mittelfüllig und angenehm frisch mit feiner, säuerlicher Fruchtigkeit. Die Aromen ergeben zusammen mit der Hefenote einen langen Abgang.

Preis: ● ○ ○ ○ ○
Ursprung: WO Coastal Region, Südafrika
Erzeuger: Boschendal Estate
Rebsorte: Chardonnay, Pinot Noir

Herstellung: Die Trauben für die Grundweine werden auf vielen verschiedenen Rebflächen im milden Klima des Western Cape angebaut. Der Wein wird nach der traditionellen Champagner-Methode, in Südafrika Cap Classique genannt, hergestellt. Nach der zweiten Gärung in der Flasche wird der Wein drei Jahre auf der Hefe gelagert, bevor er degorgiert wird und seinen Champagnerkorken erhält.

Sonstiges: Boschendal hat eine schöne Lage, umgeben von mächtigen Felsmassiven außerhalb von Franschhoek im Süden Südafrikas. Das Gut ist im typischen Cape-Dutch-Stil erbaut und gehörte einst französischen Hugenotten. Dass ein Wein bei einer solch handwerklicher Herstellung so preiswert sein kann, ist fantastisch. Ein Muss für alle Liebhaber prickelnder Genüsse mit kleinem Budget!

ZU WELCHER GELEGENHEIT GETRUNKEN: ....

....

EIGENE ANMERKUNGEN: ....

....

Boschendal Grand Cuvée Vintage 2009

Einschätzung des Autors: Der Schaumwein zeigt eine helle, schöne Farbe mit deutlicher Perlage und Nuancen von Messing.

Das Bouquet ist entwickelt, elegant und komplex mit Einschlag von geröstetem Brot, Minerclik, roten und grünen Äpfeln und einer sehr ausgeprägten Eichenfassnote.

Der Geschmack ist trocken, füllig und elegant mit deutlicher Säure, vollmundiger Fruchtigkeit ausgeprägter Eiche, roten Äpfeln, roten Beeren und deutlicher Mineralik, der im langen, angenehmen Abgang nachklingt.

Ein sehr guter Schaumwein, den ich ebenso gern wie häufig genieße.

Preis: ● ● ○ ○ ○
Ursprung: **W.O. Western Cape, Südafrika**
Erzeuger: **Boschendal Estate**
Rebsorte: **Chardonnay 66 %, Pinot Noir 34 %**

Herstellung: Die Trauben werden in den frühen Morgenstunden gelesen, damit sie so viel Frische wie möglich bewahren. Nach vorsichtiger Pressung wird der Most zwei Tage gelagert, damit sich mögliche Verunreinigungen am Boden der Tanks absetzen können, bevor er zu Grundwein gärt. Nach Mischung und Abfüllung gärt der Wein zum zweiten Mal in der Flasche und wird danach 36 Monate auf der Hefe gelagert. Bei der Degorgierung erhält er eine Dosage von 8 g Zucker pro Liter.

ZU WELCHER GELEGENHEIT GETRUNKEN: ....

....

EIGENE ANMERKUNGEN: ....

....

Graham Beck Brut Blanc de Blancs 2010

Einschätzung des Autors: Der Schaumwein zeigt eine klare, helle Farbe mit feiner Perlage und Nuancen von Stroh.

Das Bouquet ist jung, frisch und vollmundig mit Röst- und Fruchtaromen von Zitronengras.

Der Geschmack ist trocken, frisch und ausgewogen mit vollmundiger, eleganter Frucht, die zusammen mit der ausgewogenen Säure in einem langen, feinen Abgang nachklingt.

Preis: ●●○○○
Ursprung: **W.O. Robertson, Western Cape, Südafrika**
Erzeuger: **Graham Beck Wines**
Rebsorte: **Chardonnay**

Herstellung: Der Wein wird aus Trauben hergestellt, die auf kalkreichen Böder angebaut werden. Das verleiht ihm einen deutlich mineralischen Ton. Die Hälfte der Grundweine gärt im Eichenfass, der restliche Anteil im Stahltank. Nach Mischung, Abfüllung und zweiter Gärung wird der Wein auf seiner Hefe drei Jahre bis zur Degorgierung gelagert und erhält dann eine Dosage von weniger als 3 g Zucker pro Liter.

Sonstiges: Die moussierenden Weine von Graham Beck Wines zählen zu der anerkanntesten in Südafrika. Sie werden nach der traditionellen Champagner-Methode, der Méthode Cap Classique, hergestellt. So gute Schaumweine für so wenig Geld herzustellen, ist einfach imponierend!

ZU WELCHER GELEGENHEIT GETRUNKEN: ....

....

EIGENE ANMERKUNGEN: ....

....

Pongrácz Desiderius
2008

Einschätzung des Autors: Der Schaumwein zeigt eine klare, helle Farbe mit Nuancen von Messing und deutliche Perlage.

Das Bouquet ist entwickelt und aromatisch mit ausgeprägtem Einschlag von Vanille, Brioche und Nuss in Verbindung mit deutlich säuerlicher Frucht wie gelben Äpfeln, Zitrus und Mineralien.

Der Geschmack ist trocken, füllig und sehr angenehm mit komplexer, reifer Frucht, Zeder und Karamell, die gemeinsam mit einer deutlichen, straffen Säure das Geschmackserlebnis in einen wunderbaren, langen Abgang tragen.

Dieses Produkt gehört zu den besten, die Südafrika in Schaumweinform vorweisen kann.

Preis: ●●●○○
Ursprung: **WO Coastal Region, Südafrika**
Erzeuger: **Pongrácz**
Rebsorte: **Pinot Noir 70 %, Chardonnay 30 %**

Herstellung: Die Trauben wurden im Januar 2008 gelesen und die Bündel im Ganzen gepresst. Nur der Mostvorlauf wird verwendet. Die Grundweine durchlaufen die malolaktische Gärung. Nach Mischung und zweiter Gärung in der Flasche wird der Wein 48 Monate auf der Hefe gelagert. Bei der Degorgierung erhält er eine Dosage von 7 g Zucker pro Liter.

Sonstiges: Der Wein trägt seinen Namen nach dem Ungarn Desiderius Pongrácz, der an der Universität in Stellenbosch studierte und danach am Aufbau der modernen südafrikanischen Weinindustrie beteiligt war. Pongrácz gehört zu den bekanntesten Erzegern moussierender Weine in Südafrika – und das zu Recht.

ZU WELCHER GELEGENHEIT GETRUNKEN: ....

....

EIGENE ANMERKUNGEN: ....

....

Pongrácz N.V

Einschätzung des Autors: Der Schaumwein hat eine helle, weiße Farbe mit geringer Intensität und schöner Brillanz.

Das Bouquet ist rein, jung und fruchtig mit Einschlag von Zitrus, Blüten und Mineralik.

Der Geschmack ist trocken und leicht mit gut balancierter Säure. Fruchtige Einschläge von Apfel, säuerlicher Melone und Mineralik ergeben gemeinsam einen feinen Abgang.

Preis: ● ● ○ ○ ○
Ursprung: **WO Coastal Region, Südafrika**
Erzeuger: **Pongrácz**
Rebsorte: **Pinot Noir 60 %, Chardonnay 40 %**

Herstellung: Die Trauben werden von Hand gelesen und vorsichtig gepresst. Der Most gärt in Edelstahltanks und durchläuft die malolaktische Gärung. Der Wein gärt zum zweiten Mal in der Flasche und lagert vor der Degorgierung zwei Jahre auf der Hefe. Die Dosage beträgt 8 Gramm Zucker pro Liter. Der Wein wird nach der Méthode Cap Classique hergestellt, die der Champagner-Methode entspricht.

Sonstiges: Der Wein trägt seinen Namen nach dem Ungarn Desiderius Pongrácz, der an der Universität in Stellenbosch studierte und danach am Aufbau der modernen südafrikanischen Weinindustrie beteiligt war. Pongrácz gehört zu den bekanntesten Erzegern moussierender Weine in Südafrika – und das zu Recht.

ZU WELCHER GELEGENHEIT GETRUNKEN: ....

....

EIGENE ANMERKUNGEN: ....

....

Pongrácz Rosé N.V.

Einschätzung des Autors: Der Schaumwein hat eine klare, schöne, lachsrosa Farbe mit deutlicher Perlage.

Das Bouquet ist jung, frisch, brotig und fruchtig mit schönen mineralischen Noten sowie roten Beeren und Himbeeren.

Der Geschmack ist trocken, elegant und frisch mit schön integrierten Nuancen von Himbeeren und anderen roten Beeren. Die straffe, aber gut ausbalancierte Säure schenkt dem Wein einen langen, feinen Abgang.

Ein sehr guter Schaumwein!

Preis: ●●○○○
Ursprung: **WO Coastal Region, Südafrika**
Erzeuger: **Pongrácz**
Rebsorte: **Pinot Noir 60 %, Chardonnay 40 %**

Herstellung: Dieser Wein wird prinzipiell so wie der Pongrácz Brut hergestellt, aber mit 24 Monaten Lagerung auf der Hefe. Seine schöne Farbe erhält er durch die Dosage in Form von Pinot Noir, durch den der Wein 10 g Zucker pro Liter erhält. Der Wein wird nach der Degorgierung und vor dem Verkauf weitere drei Monate gelagert.

Sonstiges: Der Wein trägt seinen Namen nach dem Ungarn Desiderius Pongrácz, der an der Universität in Stellenbosch studierte und danach am Aufbau der modernen südafrikanischen Weinindustrie beteiligt war. Pongrácz gehört zu den bekanntesten Erzegern moussierender Weine in Südafrika – und das zu Recht.

ZU WELCHER GELEGENHEIT GETRUNKEN: ....

....

EIGENE ANMERKUNGEN: ....

....

Saronsberg Brut 2010

Einschätzung des Autors: Der Schaumwein zeigt eine klare, hellweiße Farbe mit schöner Perlage und Nuancen von Stroh.

Das Bouquet ist jung, vollmundig und fruchtig mit einem Einschlag von Mineralik, roten Beeren und Himbeeren.

Der Geschmack ist trocken, frisch und angenehm cremig mit feiner Säure, guter Struktur und herrlich fruchtigen Aromen von Zitrus, roten Beeren und Mineralik, die dem Tropfen einen guten Abgang verleihen.

Ein guter Schaumwein!

Preis: ● ● ○ ○ ○
Ursprung: **W. O. Tulbagh, Südafrika**
Erzeuger: **Saronsberg**
Rebsorte: **Chardonnay**

Herstellung: Nach der Lese am frühen Morgen werden die Traubenbündel im Ganzen gepresst. Der Most gärt in Stahltanks und die Grundweine durchlaufen die malolaktische Gärung, bevor sie auf der Hefe neun Monate lagern. Nach Mischung, Abfüllung und zweiter Gärung lagern die Weine auf der Hefe weitere 30 Monate. Remuage und Degorgierung erfolgen von Hand. Der Wein erhält eine Dosage von 6 g Zucker pro Liter in Form von süßem Wein aus Eichenfässern.

Sonstiges: Saronsberg ist eines von vielen Beispielen für moderne Weine aus Südafrika. Der erste Jahrgang wurde 2004 produziert, das Gut blickt jedoch auf eine längere Geschichte zurück. Hier werden Weine produziert, die man einfach erleben muss!

ZU WELCHER GELEGENHEIT GETRUNKEN: ....

....

EIGENE ANMERKUNGEN: ....

....

Simonsig Kaapse Vonkel Brut 2013

Einschätzung des Autors: Der Schaumwein zeigt eine klare, schöne Farbe mit Nuancen von Stroh und eine ausgeprägte Perlage.

Das Bouquet ist jung, intensiv und komplex mit ausgeprägten Noten von Apfel, Brioche, Mineralik und roten Beeren.

Der Geschmack ist trocken, frisch und fruchtig mit ausgewogener Säure, die dem Schaumwein eine angenehme Frische verleiht. In Verbindung mit den beerigen Aromen und einem Einschlag von Zitrus hat der Wein einen langen, feinen Abgang.

Preis: ● ● ○ ○ ○
Ursprung: W.O. Western Cape, Südafrika
Erzeuger: Simonsig Estate
Rebsorte: Pinot Noir 63 %, Chardonnay 37 %

Herstellung: Die Traubenbündel werden von Hand gelesen und im Ganzen gepresst. Nach der Klärung gärt der Most in Stahltanks und in französischen Eichenfässern. Ein Teil des Chardonnay-Mostes durchläuft die malolaktische Gärung. Nach Mischung und Abfüllung gärt der Wein ein zweites Mal. Der Wein wird vor der Degorgierung zwei Jahre auf der Hefe gelagert und erhält eine Dosage von 7 g Zucker pro Liter.

Sonstiges: Der Name Simonsig bezieht sich auf den beeindruckenden Blick vom Weingut über den Simonsberg. Frei übersetzt bedeutet er „Simonsblick". Das Weingut liegt im Zentrum von Stellenbosch und zählt zu den klassischsten Südafrikas Der erste moussierende Wein wurde vor 45 Jahren produziert.

ZU WELCHER GELEGENHEIT GETRUNKEN: ....

....

EIGENE ANMERKUNGEN: ....

....

Casa Valduga 130 Brut N.V.

Einschätzung des Autors: Der Schaumwein hat eine klare, hellgelbe Farbe mit grün schimmernden Nuancen und feiner Perlage.

    Das Bouquet ist rein, jung und frisch mit einem säuerlichem, aromatischem Einschlag von Zitrus, Birne, Blüten und deutlicher Mineralik, die an Muschelschalen und Meer erinner.

> Preis: ●●○○○
> Ursprung: **Brasilien**
> Erzeuger: **Casa Valduga Vinhos Finos**
> Rebsorte: **Chardonnay, Pinot Noir**

    Der Geschmack ist trocken, leicht und elegant mit feiner Säure, welche die ausgeprägte Frucht und Beerenaromen von Stachelbeeren und Zitrus in einem herrlichen Abgang ausbalanciert.

    Eine interessante Überraschung aus Brasilien!

Herstellung: Die Trauben werden von Hand gelesen, in ganzen Bündeln gepresst und in Stahltanks vinifiziert. Nach der Mischung erfolgt die zweite Gärung in der Flasche. Der Wein wird dann auf seiner Hefe für 36 Monate gelagert, bevor er bei der Degorgierung eine Dosage von 7 g Zucker pro Liter erhält.

Sonstiges: Casa Valduga kreierte diese fantastische Cuvée im Jahr 2005, um das 130-jährige Jubiläum des Gutes zu feiern. Das Haus gehörte auch zu den ersten in Brasilien, die moussierenden Wein nach der Champagner-Methode herstellten.

ZU WELCHER GELEGENHEIT GETRUNKEN: ....

....

EIGENE ANMERKUNGEN: ....

....

Cono Sur Sparkling Wine Brut N.V.

Einschätzung des Autors: Der Schaumwein zeigt eine klare, weiße Farbe mit feiner Perlage und Nuancen von Stroh.

Das Bouquet ist jung, fruchtig und mittelintensiv mit einem Einschlag von Birne und Blüten.

Der Geschmack ist trocken, fruchtig und vollmundig mit ausgewogener Säure, die gemeinsam mit dem Einschlag von Birne und Apfel den Abgang ausmacht.

Ein guter, preiswerter Schaumwein.

Preis: ● ○ ○ ○ ○
Ursprung: Valle del Bío-Bío, Chile
Erzeuger: Cono Sur
Rebsorte: Chardonnay 90 %, Pinot Noir 6 %, Riesling 4 %

Herstellung: Die ökologisch angebauten Trauben werden von Hand auf Rebflächen gelesen und dann zu Grundweinen vinifiziert, von denen 10 % für drei Monate in französischen Eichenfässern gelagert wird. Nach der Mischung erfolgt die zweite Gärung im Stahltank nach der Charmat-Methode. Danach wird der Wein vor der Abfüllung für drei Monate auf der Hefe gelagert.

Sonstiges: Cono Sur ist für sein enormes ökologisches Engagement bekannt. Unter anderem hat jeder Mitarbeiter ein eigenes Fahrrad, um Emissionen von Motorfahrzeugen zu vermeiden. Dieser Wein ist also gut für Körper, Seele und Gewissen!

ZU WELCHER GELEGENHEIT GETRUNKEN: ....

....

EIGENE ANMERKUNGEN: ....

....

Domaine Ste Michelle Brut N.V.

Einschätzung des Autors: Der Schaumwein hat eine klare, weiße Farbe mit schönen, grün schimmernden Nuancen und feiner Perlage.

Das Bouquet ist jung und frisch mit einem deutlichem Einschlag säuerlicher Frucht, grünem Apfel und Hefenote.

Der Geschmack ist trocken, leicht und fruchtig elegant mit einem Hauch sonnen-gereifter Äpfel, der dem Abgang gemeinsam mit einer ausgewogenen Säure eine angenehme Länge schenkt.

Gut! Passt auch bestens zu asiatischen Speisen.

Preis: ●●○○○
Ursprung: Washington State, USA
Erzeuger: Ste Michelle Wine Estates
Rebsorte: Chardonnay 63 %, Pinot Noir 19 %, Pinot Gris 18 %

Herstellung: Die verschiedenen Rebsorten werden separat vinifizert. Die Grundweine werden gemischt und dann vor der zweiten Gärung, die nach der Champagner-Methode in der Flasche erfolgt, abgefüllt. Der Wein wird auf der Hefe vor der Degorgierung drei Jahre gelagert und erhält eine Dosage von 13 g Zucker pro Liter.

Sonstiges: Ste Michelle Wine Estates gehört zu den Riesen der amerikanischen Westküste mit vielen unterschiedlichen Weinen im Sortiment. Dieser Schaumwein ist ein vorzüglicher Alltagsschaumwein, den ich gern zu etwas würzigeren Speisen genieße, da sie Frucht und Süße des Weines am besten zur Geltung kommen lassen.

ZU WELCHER GELEGENHEIT GETRUNKEN:

EIGENE ANMERKUNGEN:

Gloria Ferrer Brut N.V.

Einschätzung des Autors: Der Schaumwein hat eine klare, blasse Farbe mit grün
schimmernden Nuancen und ausgeprägter
Perlage.

Preis: ●●○○○
Ursprung: **Sonoma County, USA**
Erzeuger: **Gloria Ferrer Vineyards**
Rebsorte: **Pinot Noir 92 %, Chardonnay 8 %**

Das Bouquet ist jung, rein und frisch mit
einem Einschlag von Hefe und Noten von
Mineralik, Zitrus und Birne.

Der Geschmack ist trocken, fruchtig und
wohlbalanciert mit einer feinen Säure, die Aromen von Birne, Zitrus und Blüten in
den angenehmen Abgang trägt.

Herstellung: Die Trauben werden von Hand gelesen und gepresst. Der Most gärt
dann in Stahltanks zu Grundwein. Nach Mischung von etwa 20 verschiedenen
Grundweinen wird die Cuvée abgefüllt und gärt zum zweiten Mal in der Flasche.
Danach wird er vor der Degorgierung für 18 Monate auf der Hefe gelagert und
erhält eine Dosage von etwa 13 g Zucker pro Liter.

Sonstiges: Der Erzeuger Gloria Ferrer hat seinen Ursprung beim spanischen Cava-
Produzenten Freixenet. Das Weingut wurde im Jahr 1986 eröffnet, nachdem man
mehr als 50 Jahre von einer Cava-Produktion in Kalifornien geträumt hatte. Gloria
Ferrer ist bis heute im Besitz von Freixenet und zählt zu den anerkanntesten Produzenten moussierender Weine in Kalifornien.

ZU WELCHER GELEGENHEIT GETRUNKEN: ....

....

EIGENE ANMERKUNGEN: ....

....

Iron Horse
Russian Cuvée 2009

Einschätzung des Autors: Der Schaumwein zeigt eine goldgelbe Farbe mit Nuancen von Messing und eine ausgeprägte Perlage.

Das Bouquet ist entwickelt, brotig und komplex mit Einschlag von Birne, Honig, Vanille und Mineralik.

Der Geschmack ist trocken, füllig und ausgewogen mit feiner Säure, angenehmen Noten von Birne, nuanciertem Eichenfass und Mineralik, die einen langen, feinen Abgang erzeugen.

Hier weiß man, wofür man bezahlt.

Preis: ●●●●○
Ursprung: Sonoma, Kalifornien, USA
Erzeuger: Iron Horse Vineyards
Rebsorte: Pinot Noir 72 %, Chardonnay 28 %

Herstellung: Die Traubenbündel werden im Ganzen gepresst, um den Charakter der Trauben weitmöglichst zu erhalten. Der Wein wird nach der traditionellen Champagner-Methode hergestellt und fünf Jahre auf der Hefe gelagert. Trotz der hohen Dosage von 13 g Zucker pro Liter wird er wegen der langen Lagerung vor der Degorgierung und einer guten Säure immer noch als trocken erlebt.

Sonstiges: Iron Horse Vineyards ist ein Weingut in Familienbesitz. Drei Eigentümergenerationen leben zusammen und legen in jeder Hinsicht hohen Wert auf Nachhaltigkeit. Sie produzieren mehrere unterschiedliche moussierende und stille Weine, die allesamt durch ihre Finesse überzeugen.

ZU WELCHER GELEGENHEIT GETRUNKEN: ....

....

EIGENE ANMERKUNGEN: ....

....

L'Ermitage Brut 2007

Einschätzung des Autors: Der Schaumwein hat klare, hellgelbe Farbe mit schöner Perlage.

Das Bouquet ist jung, frisch und fruchtig mit Einschlag von Mineralien, Birne, Melone und Brioche.

Der Geschmack ist trocken, frisch und vollmundig mit angenehmer Frucht, begleitet von deutlicher Säure. Hier findet man Balance in Perfektion, und der Abgang scheint fast unendlich.

Es besteht kein Zweifel, dass hinter diesem Schaumwein umfassendes Können steht.

Preis: ● ● ● ● ○
Ursprung: **Anderson Valley, Kalifornien, USA**
Erzeuger: **Roederer Estate**
Rebsorte: **Chardonnay 52 %, Pinot Noir 48 %**

Herstellung: Der Wein ist nach dem Vorbild eines klassischen französischen Champagners hergestellt. Nur der erste Most wird bei der Pressung der Trauben verwendet. Nach sorgsamer Mischung der Grundweine, die gemeinsam mit 2 % Reservewein in französischen Eichenfässern gären, wird die Cuvée abgefüllt und gärt ein zweites Mal. Vor der Degorgierung lagert der Wein etwa sechs Jahre und erhält dann eine sehr geringe Dosage. Der Wein wird vor dem Verkauf weitere sechs Monate gelagert.

Sonstiges: Hier handelt es sich um den amerikanischen Verwandten von Louis Roederer. Genau wie in der Champagne wird Jahrgangswein nur in richtig guten Jahren produziert. Und genau wie beim Champagner ist der L'Ermitage für viele Jahre Lagerung im Keller geeignet.

ZU WELCHER GELEGENHEIT GETRUNKEN:

EIGENE ANMERKUNGEN:

Quartet N.V.

Einschätzung des Autors: Der Schaumwein hat eine helle, schöne Farbe mit strohgelben Nuancen und deutlicher Perlage.

Das Bouquet ist jung, brotig und feinstimmig mit mineralischen Nuancen, gelben Äpfeln und Zeder. Der Geschmack ist trocken und frisch mit gewisser Fruchtigkeit und Einschlag von Äpfeln, Zitrus und Walnüssen. Hier findet man eine höchst nuancierte, aber dennoch vernehmbare, geringe Bitternote, die zusammen mit Säure und Frucht in einem langen Abgang ausklingt.

Preis: ●●○○○
Ursprung: Anderson Valley, Kalifornien, USA
Erzeuger: Roederer Estate
Rebsorte: Chardonnay 70 %, Pinot Noir 30 %

Herstellung: Ein moussierender Wein von Roederer Estate ohne Jahrgang. Die sorgsam ausgewählten Trauben werden gepresst; nur der Mostvorlauf wird verwendet. Nach der ersten Gärung werden die Grundweine gemischt und vor der zweiten Gärung abgefüllt – alles nach der Champagner-Methode. Der Wein wird vor der Degorgierung etwa zwei Jahre gelagert und erhält eine vorsichtige Dosage, um die Finesse des Weins zu erhalten.

Sonstiges: Louis Roederer wird stets mit hoher Qualität verbunden, und so ist es auch hier. Quartet ist ein fantastischer Schaumwein zu allen Gelegenheiten.

ZU WELCHER GELEGENHEIT GETRUNKEN:

EIGENE ANMERKUNGEN:

Schramsberg
Blanc de Blancs 2012

Einschätzung des Autors: Der Schaumwein zeigt eine klare, helle Farbe mit schöner Perlage und Nuancen von Stroh.

Das Bouquet ist jung und nuanciert mit feinstimmigen, etwas hefigen Noten und einem Einschlag von Blüten, Zitrus und Mineralik.

Der Geschmack ist trocken, frisch und elegant mit Aromen grüner Äpfel, Zitrus und Mineralik, die mit einer feinen Säure in einem angenehmen Abgang verbleiben.

Preis: ●●●○○
Ursprung: **North Coast, Kalifornein, USA**
Erzeuger: **Schramsberg Vineyards**
Rebsorte: **Chardonnay**

Herstellung: Die Trauben werden von Hand gelesen und durchlaufen eine vorschtige Pressung. Nach der ersten Gärung werden 15 % des Weines vor der Mischung und Abfüllung in Eichenfässern gelagert. Der Wein gärt zum zweiten Mal in der Flasche und wird zwei Jahre auf der Hefe gelagert. Bei der Degorgierung erhält er eine Dosage von 10 g Zucker pro Liter.

Sonstiges: Der Blanc de Blancs war 1965 nicht nur der erste moussierende Wein von Schramsberg, sondern auch der erste kommerzielle, der in Kalifornien produziert wurde.

ZU WELCHER GELEGENHEIT GETRUNKEN: ....

....

EIGENE ANMERKUNGEN: ....

....

Arras Brut Elite N.V.

Einschätzung des Autors: Der Schaumwein zeigt eine helle, feine Farbe mit schöner Perlage und Nuancen von Stroh.

Preis: ● ● ○ ○ ○
Ursprung: **Tasmanien, Australien**
Erzeuger: **House of Arras**
Rebsorte: **Pinot Noir 57 %, Chardonnay 43 %**

Das Bouquet ist jung, frisch und fruchtig mit einem deutlichen Einschlag von Rhabarber und Stachelbeere sowie einer angenehmen Note, der an Buttermilch erinnert.

Der Geschmack ist trocken, leicht und frisch mit fein ausgeprägter Frucht von Aprikose und Limette, ie gemeinsam mit einer sehr gut ausbalancierten Säure in einem langen, feinen Abgang verbleiben.

Ein wirklich schmackhafter Schaumwein vom anderen Ende der Welt.

Herstellung: Die Trauben werden sorgsam gepresst. Die Gärung erfolgt in temperaturkontrollierten Stahltanks. Die Kohlensäuregärung erfolgt in der Flasche. Der Wein ruht mindestens vier Jahre auf der Hefe in der Flasche.

Sonstiges: Die Insel Tasmanien liegt südlich von Melbourne. Die Trauben für diesen Wein stammen von den Rebflächen des Produzenten in Derwent und Houn Valley im Süden Tasmaniens.

ZU WELCHER GELEGENHEIT GETRUNKEN:

EIGENE ANMERKUNGEN:

Fox Creek Vixen N.V.

Einschötzung des Autors: Der Schaumwein zeigt eine dichte, rote Farbe mit feiner Perlage und Nuancen von Purpur.

Das Bouquet ist jung, sehr fruchtig und beerig mit einem Einschlag dunkler Beeren, Kräutern und Eichenfass.

Der Geschmack ist trocken, mittelfüllig und frisch mit ausgewogenen Tanninen und Säure in Verbindung mit deutlichem Alkohol, angenehmer Frucht dunkler Beeren und Kräutern.

Hier zeigt sich ein angenehmer Abgang mit mittlerer Länge.

Ein cooler, spritziger Tropfen.

Preis: ●●○○○
Ursprung: McLaren Vale, South Australia, Australien
Erzeuger: Fox Creek
Rebsorte: Shiraz 74%, Cabernet Sauvignon 16%, Cabernet Franc 10%

Herstellung: Der Wein wird aus einer Mischung verschiedener Jahrgänge, Trauben und Ursprung nach der Champagner-Methode hergestellt. Die Grundweine werden teilweise in Eichenfässern gelagert.

Sonstiges: Dieser Schaumwein gehört unzweifelhaft zum Außergewöhnlichsten, was man probieren kann. Eines ist sicher: Er lässt niemanden unberührt. Entweder man liebt oder man verabscheut ihn. Probieren sollte man ihn unbedingt! Auf jeden Fall kühl und am besten mit leckeren Beilagen wie luftgetrocknetem Schinken, Salami oder würzigem Käse.

ZU WELCHER GELEGENHEIT GETRUNKEN:

EIGENE ANMERKUNGEN:

Lindeman's Bin 25
Brut Cuvée N.V.

Einschätzung des Autors: Der Schaumwein zeigt eine klare, helle Farbe mit schöner Perlage und goldenen Nuancen von Messing.

Das Aroma ist entwickelt, vollmundig und hat einen Einschlag von Blüten und fruchtigen Aromen von Birne und Erdbeere.

Der Geschmack ist trocken, fruchtig und elegant mit feiner Säure, die gemeinsam mit dem Einschlag reifer Birnen den langen, feinen Abgang ausmacht.

Preis: ●○○○○
Ursprung: **Sparkling Wine, Australien**
Erzeuger: **Lindeman**
Rebsorte: **Chardonnay 95 %, Colombard 5 %**

Herstellung: Die Trauben werden schnell gepresst und gegoren, damit so viel Aroma wie möglich erhalten bleibt. Danach werden die Grundweine drei Monate vor Mischung und Abfüllung gelagert. Nach der zweiten Gärung wird der Wein vor der Degorgierung weitere 12 Monate gelagert und erhält dann eine Dosage von 11 g Zucker pro Liter.

Sonstiges: Wegen des milden Klimas reifen die Trauben langsam, sodass die Säure erhalten bleibt und gleichzeitig die richtige Süße erzielt wird. Ganz einfach die perfekte Balance. Lindeman konzentriert sich wie nur sehr wenige australische Erzeuger ganz auf moussierende Weine.

ZU WELCHER GELEGENHEIT GETRUNKEN:

EIGENE ANMERKUNGEN:

Paracombe Pinot Noir Chardonnay 2011

Einschätzung des Autors: Der Schaumwein zeigt eine klare, goldene Farbe mit feiner Perlage und Nuancen von Messing.

Das Bouquet ist angenehm entwickelt mit fruchtigem Einschlag sonnenreifer Birnen, Melonen und Rosen.

Der Geschmack ist trocken, frisch und füllig mit feiner Säure, die mit eleganten, sonnenreifen, fruchtigen Aromen verbunden ist. Hier sind Birne, Melone und Zitrus vorhanden, die gemeinsam mit einem ausgeprägt blumigen Ton in einem angenehmen, langen Abgang nachklingen.

Preis: ●●○○○
Ursprung: Adelaide Hills, South Australia, Australien
Erzeuger: Paracombe Wines
Rebsorte: Pinot Noir, Chardonnay

Herstellung: Der Wein ist das Ergebnis einer Mischung von mehr als 20 Jahrgängen, die der Eigentümer und Winzer Paul Drogemuller in seinem Keller aufbewahrt. Nach dem sorgfältigen Mischen gärt der Wein zum zweiten Mal in der Flasche. Er wird mit einem einfachen Kronkorken verschlossen, gleichermaßen modern wie tatsächlich auch traditionell.

Sonstiges: Hier handelt es sich zweifellos um ein Unikum. Pro Jahr werden nämlich lediglich 1344 Flaschen produziert, sodass der Schaumwein nur schwer erhältlich ist. Den Glücklichen jedoch winkt ein Genuss weit über das Übliche hinaus!

ZU WELCHER GELEGENHEIT GETRUNKEN: ....

....

EIGENE ANMERKUNGEN: ....

....

Register

Danksagung

Ich danke meinem Sohn **Simon,** der es mit all den Flaschen zu Hause aushalten musste. Außerdem gilt mein Dank **Helena Aalerud Wiklund**, weil sie so ist, wie sie ist.

Des Weiteren möchte ich **Fredrik Aalerud, Sofia Andersson, Ola Stavås, Johnny** und **Ingela Ehne, Christopher Weber, Magnus Reuterdahl, Tove Thulin, Damien O'Connor, Andreas Blomquist, Grete Klaesson, Frida Olofsson, Therese Collin, Cecilia Hagén** und allen anderen danken, die mit ihren wertvollen Ansichten zu diesem Buch beigetragen haben. Natürlich gilt mein Dank auch allen Weinimporteuren, die dieses Buch ermöglicht haben.

Zuletzt möchte ich meiner lieben Familie danken, die immer an mich geglaubt hat. Ohne euch geht nichts!